茨城の逆襲

ブランド力など気にせず
〝しあわせ〟を追究する本

石岡市在住
岡村 青

言視舎

プロローグ

茨城と書いて、はて？　「いばらぎ」と読むんだっけ。いや、たしか「いばらき」といったはずでは……。宮城県は「みやぎけん」と読むし、赤城山も「あかぎやま」というんだから。

そこで当方は岩波書店発行の、ブ厚い広辞苑を開いてみました。そしたら、「いばらき」とありました。だから今度は念のため、ウィキペディアでも検索してみたんです。こっちも、廃藩置県以来「いばらき」というのが正式な読み方、とありました。

うーん、なるほど。やっぱり間違いだったんだねぇ、いままでてっきり「いばらぎ」とばかり思ってそう読んでたことが。

ということは、どうやら当方は、とんでもない記憶違いをしていたんですね。フーテンの寅さんのセリフじゃありませんが、筑波山のふもとに生まれ、男女川（みなのがわ）の真水で肌を清めて育ち、茨城県民歴60数年。そんな当方が、こともあろうに誇り高きわが郷土〝茨城〟の読み方を知らなかったなんて……。

当方でさえこうなのだから、まして県外の人なら読み方はおろか存在さえも、

「茨城県？　あったねぇ、そういえば、どっかに……」

このように答えたとしてもけっしておかしくありません。

ところがそのような人にかぎって水戸黄門は実によく知ってるんですね。宗匠頭巾に紺色の茶羽織姿はテレビドラマですっかりおなじみ。

初代東野英治郎さんが演じ、１９６９年にスタートした水戸黄門は里見浩太朗さんで五代目なんて、じつに詳しいんです。それもそうでしょう。

「控えおろう！　ここにおわす御方はどなたと心得る。おそれ多くもさきの副将軍、水戸光圀公にあらせられるぞ。頭が高い！」

この決めぜりふに葵の御紋が入った印籠を高くかかげると、さすがの悪代官もたちまち「へへぇー」と土下座。

そこでまたもや、「カッカカカー」と黄門様が高笑いしてみごと一件落着。

思えばじつによくできたドラマ。かぎりなくマンネリ、ワンパターンといわれながらも、視聴者にはこのシーンがたまらないんですなぁ。長寿番組の秘訣は、おそらくこんなところにあるんでしょう。

ま、将軍様はひとりだけであり、副将軍なんて存在しないんですけどねぇ、本当は。

でも、知ってるのはそこまで。だから水戸黄門さんは水戸藩のお殿様、茨城出身などといおうものならたいがいの人は、

「えっ、ほんとー、ウッソー」

目をまるくしてのけぞってしまう。

もっとも、正真正銘、折り紙つきの〝茨城っ子〟である当方でさえ、「茨城っちゃ、なんだっぺや」、とあらためて考えるとハタと困り、ややしばらくして思いつくのが筑波山の〝ガマの油〟に〝納豆〟――これだもんねぇ。

特徴がない。印象がない。表情がない――。

つまりなんのことはない、かぎりなくメッセージ性ゼロ。それが茨城県ってことですよ。まぁ、そうかも知れません（といって開きなおっちゃったりして）。なにしろ茨城県はだだっぴろい関東平野にあるのだから高い山もなければ、有名な温泉もございません。表情はいたってノッペリしております。

これを痛切に感じるのは利根川の鉄橋をさかいにながめる常磐線の沿線風景。田んぼと里山と小さな川、ため池、そしてところどころに人の家――。これが茨城県。あきれるほどメリハリにとぼしいんです。

それに引き換え、鉄橋を渡り、千葉県に入った途端風景が急変。まさに人工的構造物の連続。大都市の出現です。

江戸川をわたり、都内に入るといっそうその度合いが濃くなり、鉄とコンクリートとアスファルトで構築された、巨大な〝密林〟が立ち上がるから、

「うへぇー、大都会だぁー。オラげの村とはちがぁー」

年甲斐もなく、当方ははしゃいだりしちゃうんです。

そのせいかも知れません。常磐線で東京を往復するたび当方は、自虐かつ被害妄想にかられ、ひどく落ち込んでしまうのは。

いったい何なんだっ、この風景の落差は！

ひょっとするとこれはニッポン版〝南北格差〟じゃないか！

〝発展途上国〟と〝先進国〟の分断じゃないか！


でもいいんです、本当のことをいえば。田んぼや里山が多いということはそれだけ自然環境にめぐまれ、かぎりないめぐみを与えてくれる宝庫であることの、あかしですから。

太陽・大気・水……。

すこやかな大地はすこやかな作物をもたらしてくれます。じっさい茨城県はレンコン生産日本一をはじめ全国1位の農産物はざっと11品目、3位まで加えると、なんと31品目もあるんですぞ。

しかもおどろくなかれ、東京都中央卸売市場の青果物取引高はトップというじゃありませんか。まさしく東京都民の胃袋をあずかってるんです、茨城県は。

そうなんです、農業県なんです。新幹線の停車駅も、ハブ港もないけれど、コシヒカリにサツマイモ……これには事欠きません。

農業県なんだがら、農業県に徹すればえがっぺよ！

都会のマネごとなんちゃ、すんだねぇーつぅの！

テレビをつければ、ドラマもバラエティーもワイドショーも、どの番組もみーんな都会だらけ。野良着すがたの父ちゃん母ちゃんが主役なんてゼロ。

けど、父ちゃん母ちゃんが踊る、田植え前の早苗振り、秋の豊年祭りのワイルドなエロシチズムにくらべりゃテレビドラマなんちゃ、なんぼのものかいな。

掘り起こせばこんなにあるんです、しあわせホクホク茨城県。

いばらきバンザーイ！

目次

茨城県略図

福島県
栃木県
埼玉県
千葉県
北茨城市
高萩市
大子町
常陸太田市
日立市
常陸大宮市
城里町
那珂市
東海村
ひたちなか市
桜川市
笠間市
水戸市
結城市
筑西市
茨城町
大洗町
石岡市
八千代町
下妻市
小美玉市
古河市
つくば市
かすみがうら市
鉾田市
境町
五霞町
板東市
土浦市
常総市
行方市
阿見町
美浦村
鹿嶋市
つくばみらい市
牛久市
潮来市
稲敷市
守谷市
龍ケ崎市
取手市
河内町
利根町
神栖市

第1章 それでもやっぱり茨城県は不幸なのか？

茨城県は不幸か？

２００９年につづいて２０１０年も、やっぱり最下位でした、茨城県の魅力度は。

民間のシンクタンク『ブランド総合研究所』（東京都港区）が、全国の都道府県と１０００カ所の市町村を対象に地域ブランドを、たとえば「認知度」「魅力度」「情報接触」観光やレジャーなどの「観光意欲」、歴史や文化などの「町のイメージ」、町並みや歴史的建造物の「地域資源」など60数項目の設問を立て、アトランダムに全国の消費者にアンケートをとったところ、約３万４千人から回答が寄せられたそうです。

で、その結果はどうかといえば、さきに述べたように茨城県は2年連続最下位。

無残なすがたをまたしてもお見せするハメになりました。茨城在籍60数年のいち県民としてまことに不徳のいたすところ、慚愧の念に堪えません。

くやしいけれど、ついでに報告しておきましょう。２０１０年の魅力度ナンバーワンは北海道、

2位は京都府、3位は沖縄県、4位は東京都、5位は奈良県。

ま、この順位はおおむね妥当でしょう。北海道といえば雄大な大地に白銀の世界……とロマンをかき立て、演歌の舞台も北方系が多いぐらいですから。

沖縄といえばこれまた素朴、エメラルド色した透明な海、サンゴ礁……と癒し系イメージで感度はバツグン。

京都に奈良といえばこれはもう、我が国を代表する名所旧跡のメッカ。国宝級の文化遺産が目白押し。日本のこころのふるさとなどといわれ、知名度、すこぶる良好です。

ひるがえって関東はどうでしょう。茨城県だけじゃないんです。じつは群馬県41位、埼玉県43位、栃木県45位、あいだに佐賀県が入ってドンジリに茨城県……というように、北関東4県が下位で揃い踏み、なかよく玉砕といったありさまなんです。

そりゃーたしかに北関東4県は印象がうすいのはわかります。見どころ、食いどころ、寄りどころ、どれをとってもいまいちパッとしませんから。しかも茨城県以外、ほかの3県は海がなく、山ばっかりときてます。おまけに民間機乗り入れの空港もないときてるから、直接海外からヒト・モノ・カネ・情報も入ってこない奥地であり、閉ざされた、いわば〝鎖国県〟。

その点茨城県は、えっへん（なにもここで、セキ払いすることもないいんですが）、太平洋に面し、南北におよそ80キロのなが〜い白砂青松の海岸線をもち、鹿島港や常陸那珂港には外国船が頻繁に出入港。とりわけベンツ、あのドイツ製の高級車ですが、ベンツの輸入港は日本でただ1カ所、日立港だってこと、あなた、知ってました？

そのうえさらに2010年3月には、茨城県小美玉市に「茨城空港」という名のエアポートがオープンし、茨城県と韓国の首都ソウルを2時間ほどで結ぶ国際線が就航するまでになったんです。チケット販売のカウンターや搭乗口の周辺では、「アンニョンハセヨー」「オソセヨー」「カムサミダ」といったハングル語が飛び交い、国際色ゆたかな光景がみられます。そのため海外の情報もナマのまんま、いち早く、毎日直行便で入ってくるんです。

ところが残念ながら、このようなこと、ほかの3県ではありません。

でもねぇ、当方は思うんですよ、「こっちにゃあっけんと、いしゃ（おまえ）んとこにゃあんめ」だの、茨城県はイモっぽいだの、群馬県はガラが悪いだの、栃木県はキャラがないだの、埼玉県はださいだのなんて、けなしっこしたって五十歩百歩。仲間げんかしてる場合じゃないってことを。

菅直人元首相（唐突に持ち出してゴメンナサイ）は、内閣発足（2010年6月）にあたって「経済、財政・社会保障を立て直し、最小不幸社会を目指します」

このように高らかに宣言し、当方のようなワーキングプアに生きる希望と期待と展望を抱かせてくれました。もっともいざ発足してみると、現実の政策は裏切りと反故の連続。じつに惨憺たるありさまでしたが。

何かと話題の「茨城空港」

それはともあれ、菅元首相にならって、関東北部4県はしっかりと手を握り、かたくスクラムを組んで高らかに、いまこそ声を大にして訴えるべきなんです、

「私たち北部関東4県は、最低不幸〝県〟からの脱却を目指します」

もちろん宣言文を読み上げるのは、最低不幸県代表茨城県です。

はじめに述べたように、茨城県の魅力度、ブランド力は最下位。それが2年連続ときているからほとんど惨敗。これじゃ、こてんぱんに打ちのめされたも同じですよね。けど、それについていまさら弁解も言い訳もいたしません。アンケートにお答えした全国の消費者の目にウソはなく、魅力度ゼロに見えたんでしょうから、茨城県は。

じっさいその通りなんです。これといった目玉商品がすくないこと、おびただしいんです。湯布院や登別のような、名のある温泉があるわけじゃないし、松阪牛や下関のフグ料理に対し、

「んだらば、アンコー鍋があっとー」

といったところで負け惜しみ。高級グルメには到底太刀打ちできません。

ないないづくしの茨城県。ないことが自慢、特徴だなんてうそぶいたところでギャグにもならず、ほとんど自虐的。

「しかし」、とここで当方はキリリっと眉を引き絞り、言います。さきの脱却宣言は単なるお題目ではない、持たざるものが持つものにむけて発信するいわば宣戦布告、逆襲の弾道ミサイルである、と！

ああ、こんなことしかいえない茨城って、やっぱり不幸？

「おら、こんな村やだぁー」といって東京さ……

おら　こんな村やだぁー
東京さ行ってべこ買うだー

シンガーソングライターの吉幾三さんが、電話もねぇ、テレビもねぇ村の生活にがまんできず、東京を目指して故郷の津軽を飛び出す、村の若者のすがたを歌っています。

いっけんコミックソングのように聞こえます。歌詞にしても、歌い方にしても、また津軽なまりで話す吉さんのキャラクターからそのように思わせるんですが。

けどよくよく考えてみると、この歌はじつは深刻な問題をはらんでるんですね。ちょっと想像してみてください。電話もないテレビもないということは外界との交流から閉ざされた、いわば情報過疎地。したがってそこにあるのは変化にとぼしい、きわめて緩慢な時間とひとびとの暮らしぶりです。

集落をとりまくこのような暮らしや秩序、規範に批判的であったり馴染まないものはたちどころに異端者あつかいされ、つまはじきに合います。

けれど若いもの、とりわけなんでも知りたがり、やりたがる若いものにとって情報不足ほどストレスを高めるものはなく、閉塞感をつのらせるものはありません。だから、これがつもりつもればいつしか暴発、ついに出奔、とあいなるわけです。

このような若者心理を吉さんはコミカルに、しかし痛烈な皮肉と批判をこめて歌ってるんです。

正直に告白します。かくいう当方も、じつは出奔したクチです。

当方の在所は筑波山のすぐふもと。都心からぐるっと円をえがいて80キロ圏内。だから電話もテレビもすでにあり、その点での不平や不満はありません。

では、なにが不満だったのか。当方の場合、じつは筑波山でした。

このように言うと怪訝にお思いでしょう。家出の理由がどうして筑波山なのか、と。家出といえばだいたいは親子げんか、失恋、金銭がらみ、事業の失敗――というのが相場ですから。

ところが当方は違うんです。どう違うか。

まぁ、聞いてやってください。

わが家は2階建て。さいわい近所はまばら。遮るものはなし。窓を開ければ筑波山はモロ見え。

当方の仕事場の窓をあけると、これ、このように雪化粧した筑波山が目の前に

目の前に迫り出してきます。画家ならさだめしこれを、いながらにして一幅の絵をめでる、とでもたとえるところでしょう。

けれど当方は絵描きではない、ただの青ったれた若造。こころに圧迫感を与え、頭を押さえられ、背中にいつも重いものを背負わされ、首根っこをつかまれ、行動の自由を奪う——当方にとって筑波山とは、このような存在だったんです。

筑波山は標高877メートル。けっして高い山ではありません。わが家から山頂まで徒歩で登っても、十分その日のうちに往復できます。

筑波山は歴史のある山らしく、『常陸風土記』にも登場します。たとえば、あるえらい神様が諸国の神々を訪問中、富士山で日暮れを迎えたので富士山の神に宿をたのんだところ、「あいにく今夜は物忌みで……」と体よく断られた。そこで今度は筑波山を尋ねて宿を所望する。筑波の神は快諾。

これ以来、富士山は一年中雪を降らせ、人を寄せつけない山にしてしまい、筑波山は春秋には花々が咲きみだれ、ひとびともつどい、にぎわいを見せる山にしたと書いています。

また、春や秋の一日、若い男女が手を取り合い、愛をささやき、目と目が合えば草むら、あるいは岩かげでエッチもしたにちがいない、歌垣の場面なども出てきます。

さらに小倉百人一首では、

筑波嶺の　峰より落つる男女川
　恋ぞつもりて　淵となりぬる

陽成院がこのように格調高くうたいあげています。


けれど当方にはこのような文学的たしなみなどまるで持ち合わせておりませんから、ただもう、圧迫を感じる、じつにうっとせー存在以外、なにものでもないんです、筑波山は。そこへもってきておまけに当方が住む集落は盆地ときている。

「やまね盆地」という名です。筑波山を扇のかなめにして大小の山々が牛の背のようにつらなり、集落をスッポリと取り囲んでいるんです。だから、よその市町村に出掛けるにはかならず峠を越えなければならないんですよ。

筑波山がますますこころを重くし、憂鬱にさせる。ここから逃れるためついに当方は脱走。常磐線の、まだるっこしいドン行に飛び乗って東京さ行ったんでした。それからあらまし12年、山谷で立ちん坊、築地の魚市場で駆り子、新聞や牛乳の配達……いろんな職業を転々とし、ほとんどプー太郎の都会暮らしでした。だが、どうでしょう。あれほどいやがってた故郷だったはずなのにまたも舞い戻り、なんのことはない、仕事場にしている自室から年がら年じゅう筑波山を見上げているじゃありませんか。

じつは、そこで気づいたんです、当方は。いやでたまらなかったのは筑波山ではなく、変化がない、百年一日のごとく同じことを繰り返し、ワンパターンの生活にドップリとつかっている自分にヘキエキし、それがたまらず出奔したということに。

このことに気づいてみれば、近所にコンビニもない、スーパーもない、まして風俗店なんてものもない、田んぼと畑と山だらけ、ときどきイノシシが出没するド田舎の筑波山麓の生活もわるくないとわかったんです。

聞くところによれば、田舎のプレスリーを気取って颯爽と東京さ飛び出した吉幾三さんも、いまでは故郷の津軽にもどられているというじゃありませんか。はたして念願のベコを購入したかどうか、それはわかりませんが。

ないことを不幸に思ったりひがんだりしてはいけません。ないことはむしろいいことなんです。

なければ作り出す。ないからこそ創造力がはたらくんじゃないですか。

茨城県は魅力がない、印象がない、影が薄い――といわれます。

だったら創造力をはたらかせ、作ればいいんです、茨城県ならではの魅力を！

どうあがいたって北海道のような広大な大地も、京都、奈良のようなゆかしさもない茨城県。だったらその運命を運命としてまるごと引き受け、そのうえで身の丈にあった茨城県を作り出す。

じつはそのような実験に取り組み、茨城県をよりおもしろく、うれしくさせようと、新たな可能性を創造するひとたちが続々と登場し、地方から中央へと、茨城の逆襲がいたるところで始まっているんです。

県民も知らない「茨城県民の歌」

あなた、知ってました？「茨城県民の歌」を。

ああそうですか。やっぱりあなたも知らない。

それがあるんだそうですよ。そうですよなんて、まるでひとごとのように言っちゃいますが、だって当方も知らなかったんです、私たち茨城県民のための歌を、県のお役人さんたちはちゃんとつくってくださったなんて、この『茨城の逆襲』を書くため、資料を調べるまでは。

じゃあ、「茨城県民の歌」とはどのようなものか。歌詞だけ、ここに紹介しておくのもいいでしょう。

（一）空には筑波　白い雲
　野には緑をうつす水

この美しい大地にうまれ
明るく生きるよろこびが
あすの希望をまねくのだ
いばらき　いばらき
我らの茨城（以下同じ）

（二）ゆたかなみのり　海の幸
梅のほまれにかおるくに
このかぎりない恵みをうけて
おおしく励むいとなみが
あすの郷土をつくるのだ

（三）世紀をひらく　原子の火
寄せる新潮　鹿島灘
このあたらしい　光をかかげ
みんなで進む足なみが
あすの文化をきずくのだ

太平洋を望む。大洗海岸付近(朝焼け)

「郷土の自然や、輝く歴史と伝統を讃え、躍進する茨城の理想」をコンセプトに、一般公募したなかから選ばれた「茨城県民の歌」は、1963年3月16日に制定されたというんです。

なるほど、制定の趣旨にたがわず、茨城県の自然や歴史をあまさず盛り込み、いかにもリズミカルではつらつと、口ずさめば元気が出てくる応援歌といったイメージがにじみ出ているじゃありませんか。

なのに、知らなかったんだなぁ、こんな歌があったなんて。

でも、県民の歌を知らないのは、どうやら当方だけではないらしいんです。これを書くため、しばしば県庁を取材してますが、ついでに、職員に聞いてみたんです。

「——ところで、『茨城県民の歌』があるのをご存じですか」

「茨城県民の歌？　なんですかそれ。知りませんけど」

小学校の校長を最後に、教員生活にピリオドを打った男友達にも聞いてみたんです。

「あんのげー、そーた歌。はじめて聞いたどやー、おらぁー」

どちらもとぼけてるわけじゃありません。しごくマジメな人たちなんです。

片や県民の税金でろくを食むお役人。片や児童生徒に国語算数理科社会を長年教えてきた先生。

職業柄、「茨城県民の歌」ぐらい知っていてあたりまえ。にもかかわらず知らないっていうんですから……ね。


県民も知らない「茨城県民の歌」――。

まぁ、県民の歌などというものは、おおかたはこんなもんでしょう。

税金を投入してひろく募集した作品を、いかにも仰々しく選考した県民のための歌でありながら、まともに歌える県民なんてほとんど皆無。歌えるほうがむしろ奇跡ですよ。

茨城県だけじゃない。ほかの自治体にもこの種の歌はあるでしょう。けれどおそらく住民は知らず、歌も、ほこりをかぶって店晒し、というのが実態じゃないでしょうか。

じつは「茨城県民の歌」だけじゃないんですね。茨城県にはなんとなんと、「茨城県民体操」なるものまであるというから、いやはやなんとも、驚くじゃありませんか。

県民体操は1949年、当時茨城県体操協会の会長で、ベルリンオリンピックに出場した遠山喜一郎さんとおっしゃるかたが考案されたものだそうですが、3分20秒のあいだに13の基本動作を組み入れ、ラジオ体操よりはるかに高度なのが特徴だそうですから、さだめしご自慢の体操だったんでしょう。

これまた、はたしてどれだけの県民が知っているでしょうか、「**茨城県民体操**」の存在を。すくなくとも当方はこの体操を演じた経験、まるでありません。

得てしてこのようなものじゃないでしょうか、「県民の○○」だの「国民の○○」などと、かんむりがつくようなものっていうのは。

ときのいきおいでつくったものの、あとは野となれ山となれ……というのがだいたいの相場なんです。

県民も知らない県民の歌に県民体操。

これってやっぱりダメ県茨城の不幸？

ご当地も知らない「ご当地ソング」

県民も知らない県民の歌があれば、地元を舞台にした歌でありながらご当地も知らない「ご当地ソング」ってものも、けっこうあるんですね。

ご当地ソング。ご存じのように、地元の名所旧跡あるいは風物などを歌詞のなかに織り込みながら、若い男と女の出会いと別れ、恋と涙の人生模様をせつせつと歌い上げる、というのがだいたいのパターン。

ですからそれにふさわしい、しっとりとした情景でなければ絵になりません。ジャングルだの砂漠地帯じゃ百年の恋も一瞬で吹っ飛んじゃうでしょう。

となれば都会ムードただよう札幌、東京、大阪といったメジャーどころが浮かびます。ここを歌えばビッグヒット、請け合いですから。じっさい歌われた曲もおびただしいものです。

ご当地ソングとなれば、歌の舞台になった地元住民はたいがい応援もするしファンにもなるのでそこその商売になるはず。

　だから歌手にとってご当地ソングを歌うことは戦略上欠かせません。未知のファンや人気を獲得するために。ですから歌手であれば持ち歌のなかにひとつやふたつ、かならずご当地ソングを持っているものです。ま、歌手にとって、ご当地ソングを持つことがひとつのステータス、といってもいいぐらいです。とはいえ、いまや演歌は冬の時代ともいわれ、演歌業界は苦戦を強いられているようなんです。テレビから歌謡番組はどんどん姿を消し、年末恒例のＮＨＫ紅白歌合戦でさえポップス系に席巻され、演歌系は見る影もございません。

　それだけに、１９６０年代、70年代の歌謡曲黄金時代が「えがったなぁー」、としみじみなつかしくなるんです。

　60年代70年代といえば、団塊の世代にとっては少年少女時代から思春期、そして青春時代へと向かう、そのちょうど真っ最中。歌謡界も花ざかりでした。

　ジャニーズ系の、変声期まえのアイドル歌手がぞくぞく登場したのもこのころだったし、○○御三家、○○兄弟、○○姉妹といった歌謡グループも誕生しては消え、消えてはまた生まれたものでした。

　これに比例して、従来の演歌やムード歌謡に加えて新しいジャンルの、たとえば国籍不明のポップスやメッセージ性をおびたフォークが登場。さらに忘れちゃいけない、テケテケウィウィーンの、エレキギターをかき鳴らすグループサウンズもありましたっけ。

歌の世界にえがかれた、せつない恋やあま〜い恋。あるいは見知らぬ土地へのひとり旅——。若者はこぞって憧れたものでした。当方も、もちろんそのひとりでしたよ。ある夏には北海道。秋のはじまりには北陸能登半島。春休みには山陰地方、ってな具合に。思えばオートバイにまたがってよく出掛けたものです、ひとり旅に。

話が横にそれてしまったのでご当地ソングにもどします。

ご当地ソングといえばなんてったって演歌の大御所北島三郎さん、とくる。「函館の女」にはじまって「加賀の女」「薩摩の女」っていうように、ひたすら女性を追って全国縦断しちゃうんですもんねぇ。見上げたもんですよ、まったく。

森進一さんもスゴイのなんのって、「港町ブルース」では函館、宮古、釜石、気仙沼……高知、高松、八幡浜、さらに九州枕崎。

たった3分か4分たらずで日本列島を北から南へ一気に駆け抜けちゃうんですから、その韋駄天ぶりときたら、いやもうブッたまげちゃいますよ。

「奥飛騨慕情」を抜きにしてご当地ソングを語るなかれ、といっちゃいます。それほどにこの曲は、ご当地ソングの鏡でありご当地ソングの頂点に聳えたっています。

視覚障害のうえ経営する居酒屋も火災でうしない、失意と逆境にうちのめされながらも歌の道をひたすら信じ、まさに演歌のような人生から生まれたのが渾身の「奥飛騨慕情」。

ご当地ソングで歌われた恋瀬川と筑波山

この曲を歌った竜鉄也さんは惜しくも2010年12月、74歳で他界されましたが、「奥飛騨慕情」はご当地ソングの代表格。カラオケファンの定番としてこれからも長く歌い継がれるにちがいありません。

水森かおるさん。いまをときめくご当地ソングの女王様。「鳥取砂丘」に「五能線」そして「熊野古道」……と、まことにお忙しいこと。

さわやかなキャラクターにクセのない声――。上昇気流に乗って目下人気街道驀進中の水森かおりさんですが、茨城にもあるんです。**八代亜紀さんの「恋瀬川」**。じつに聞かせるんですねぇ、このご当地ソングも。

「演歌の花道」のナレーター来宮良子さんの

「――うき世舞台の花道は、表もあれば裏もある。花と咲く身に歌あれば、咲かぬ花にも歌ひとつ……」

てな名調子にのって情感たっぷり、サビを効かせた独特の八代節——、ほれぼれさせます、泣かせます。

作詞秋野めぐみ、作曲竹田賢による「恋瀬川」。ちなみに、秋野めぐみさんとは、八代亜紀さんのペンネームとか。では、歌詞の1番と3番を紹介しておきましょう。

（一）あなたと私のさだめの川は
　情通わす船がない
呼んでくださいねぇあなた　向こう岸
ついてくるなといわないで
離れたくない　恋瀬川

（三）川面にゆれる蛍火ひとつ
おんなの涙を照らすのね
抱いてくださいねぇあなた　もう一度
俺をすてろといわないで
ついて行きたい　恋瀬川

恋瀬川をはさんで向こうとこちら。愛していながらあえて振り切り別れる男。それになおもすがる女ごころのやるせなさ。

どうです、胸がキューンとしてくるでしょう。まさに演歌の真骨頂ここにあり、といった正統派じゃないですか。

恋瀬川。このタイトルがまたたまりません。いかにも演歌むきのイメージをそそらせます。けど惜しいことに、恋瀬川とはどこを流れるのか、歌詞からはまったくわからないんですよ。そこで説明。じつはこの恋瀬川、茨城県の石岡市を流れているんです。

標高709メートルの加波山に源流を発する恋瀬川は、やまね盆地をうるおし、やがて霞ケ浦にそそぐ、全長28キロほどですからけっして大きな川じゃありません。

だからといって見向きもしないって手はないでしょ、ご当地ソングの「恋瀬川」なんですもの。

えーえー、そりゃー**田端義夫さんの「大利根月夜」**や**三波春夫さんの「大利根無情」**にはまけますとも。なにしろ利根川は信濃川、石狩川とならぶ日本三大河川のひとつなんですから。

それにしたって同じ県を流れる川でありながら、「恋瀬川」を知らないなんて、これはあんまりじゃありませんか。

それにしてもまぁなんですねぇ、茨城県がご当地ソングの舞台になるなどごくまれ。その数少ないなかで唯一健闘してるのが潮来。ざっと挙げただけでもこんなにあるんですよ。**花村菊江さんの**

水郷潮来の前川あやめ園

「潮来花嫁さん」、橋幸夫さんのデビュー曲となった「潮来笠」、都はるみさんの「潮来子守歌」、大月みやこさんの「潮来船」、マヒナスターズの「潮来船頭さん」——。

いずれおとらぬ歌謡界のビッグスターぞろい。それなのに、これらの歌をはたしてどれだけの人がご存じでしょうか。

ご当地ソングのテーマにもならないってことは、それだけ魅力がないってことなんでしょうかね。

ご当地ソングにまでそっぽを向かれた茨城県って、やっぱり不幸?

私鉄廃止で無残な沿線

じつに無残なものです、茨城県の私鉄沿線は。次々と廃止に追い込まれ、赤茶色にさびついたレールには、陸の王者として君臨したかつての栄光も誇りも、もはやありません。

鉄道といえば陸上交通のエースです。なにしろヒト・モノ・カネ・情報を短時間で大量にはこび、地域経済、地域文化をささえる、いわば大動脈。

そのよい証拠が、駅前にはかならずなぐらい広場があり、商店がならび、タクシー会社、バス会社、ホテルに飲食店に土産物のお店などが密集し、にぎわいをみせていることです。

ほら、駅のことをよく玄関口とか、地域の顔などにたとえるじゃないですか。そのゆえんもここにあるわけですよ。駅前の風景や乗降客の表情を見れば地域の様子がだいたいつかめるもんですから。

ところがご多分に漏れず茨城県も、私鉄の相次ぐ撤退、廃止で、人通りはプッツリと途絶え、駅前風景はどんどんさびれるばかり、無残なすがたと化しているもんですから、さびしいかぎりです。

１９８７年3月31日、**関東鉄道筑波線**が廃止になったのを皮切りに、２００５年4月1日には日立電鉄、２００７年4月1日には**関東鉄道鹿島線**がそれぞれ廃止になってしまったんです。

筑波線は、ＪＲ常磐線土浦駅とＪＲ水戸線岩瀬駅をむすぶ約40キロメートルほどの単線でした。１９１８（大正7）年4月に開通し、18の駅をキハ形式の気動車がガタゴトと走り、のどかなものでしたよ。走っているのはいつも1両、おまけに速度もありませんでしたから。

沿線には筑波山や加波山があり、登山口にもなっているので春秋の観光シーズンともなると上野・筑波間には直通の急行が運行されたりもしたんですが……。

けどやっぱり寄せ来るモータリゼーションってやつにはかなわなかったんでしょうか。高度経済成長とともに一家に1台、さらには一人に1台と自家用車が普及。鉄道はますます肩身がせまくなるばかり。ついには廃止とあいなったわけなんです。

日立電鉄にしたって事情は同じ。日立市と常陸太田市を結ぶ全長18キロメートルほどの単線。ただしこちらは全線電化。１９７１年10月には我が国の、路面電車を除く電化路線では初めてワンマン化を導入したとして、ちょっとしたニュースにもなったものでした。けれどこちらも例に漏れず、利用客の激減で採算がとれないとして廃止を決定。

この決定に高校生たちが存続を訴えたものの、廃止を撤回させるのはどうやら困難だったようでした。沿線には私立を含む11の高校と、２つの大学があり、学生たちの足となっていた日立電鉄でしたけれど。

鹿島線の場合は沿線の住民、通勤通学の利用者、市民グループなどが一体となって存続運動をねばり強く展開していました。

鹿島線はJR常磐線石岡駅と鉾田市の鉾田駅を結ぶ全長27キロメートル。単線気動車の私鉄です。霞ケ浦の湖畔をゆったりと走る光景は、いかにもローカル鉄道のおもむきがあり、旅情をさそうものがありました。

けれどこちらも乗客の減少に歯止めがかからないうえ、経営の根幹でもあったパイプラインの輸送中止が追い打ちを加えたから経営悪化にいっそう拍車がかかったんですなぁ。

パイプラインとは、榎本駅から航空自衛隊百里基地まで、航空機の燃料を送る輸送管のこと。このパイプラインで赤字をカバーしていたんですが、輸送が中止となれば廃線は時間の問題。そこで親会社の関東鉄道は、5年以内に経営再建の見通しがつくならば、との条件付で県および沿線自治体の公的支援を得ながら継続をはかったんですよ。けれども結局経営は好転しませんでした。親会社が経営から手を引いたのを契機に廃止となったわけなんです。

この間、市民グループはさまざまなイベントや利用促進のキャンペーンを開催し、各方面に存続を訴えたものでしたが、やはりいったん傾いたものをもとに戻す、起死回生にはいたらなかったようです。

かくして20年のあいだに茨城県の私鉄3本が消え去り、駅前風景もまるで火が消えたように活気をうしない、さびしいものです。それだけに2008年4月1日から第三セクター方式で経営継続が決まりました「ひたちなか海浜鉄道」にはひと踏ん張りもふた踏ん張りもしてもらいたいものです。

ひたちなか海浜鉄道は、JR常磐線勝田駅と阿字ケ浦を走る14・3キロメートルの電化単線。茨城交通が湊線という名称で運営してましたが、やはり不採算路線のため廃止やむなしと決断。けれどひたちなか市が経営に参画。茨城交通が49%、ひたちなか市が51%それぞれ出資し、しかも新社長に吉田千秋氏を迎え、第三セクター方式で再スタートしたんです。

吉田氏といえば、富山県高岡市を走る第三セクター方式の万葉線の経営再建に貢献した、元高岡市総務課次長の肩書をもつひと。その吉田氏をヘッドハンティングしたひたちなか海浜鉄道は吉田氏の経営手腕にあやかろうというわけですが、前途はなかなかきびしいものがあり、さだめしご苦労は絶えないものと、ご推察いたします。

茨城県には関東鉄道系列の**常総線**と**龍ヶ崎線**が頑張ってるんです。前者はJR常磐線取手駅とJR水戸線下館駅までの51・1キロメートルを走り、取手駅から水海道駅までの17・5キロメートル区間は複線で、この長さは我が国の非電化私鉄では最長なんだそうです。

後者はJR常磐線佐貫駅と龍ヶ崎市の龍ヶ崎駅を結ぶ4・5キロメートルほどの単線。もちろんこちらも非電化。

距離が短いことから全線一両で運行。ただし龍ヶ崎線に乗る場合、ちょっとした注意が必要なことを、あらかじめお伝えしておきましょう。それっていうのは、途中の駅で列車交換、つまり行き違いがないから、途中下車して元の駅に戻ろうとしても引き返せず、いったん乗ったらそのまま終点まで行かなければならないってことなんです。

鉄道は庶民の足であり、地域住民の生活に密着した乗り物です。とはいうものの営利を目的としているかぎり利益をうまなければ成り立ちません。廃止に追い込まれた3つの私鉄は残念なことに、利益の確保が困難だったわけです。

「鉄子さん」とか「鉄女」などといわれる女性の鉄道ファンがカメラ片手にローカル鉄道の追っかけも珍しくないこのごろです。それにもかかわらず茨城県のローカル私鉄には視線が向かないらしく、はなしのタネにもなりません。

そのような私鉄しか走らない茨城って、やっぱり不幸なんでしょうかねぇ。

ゆるキャラ「ハッスル黄門」ハッスルすれど

ゆるキャラとくれば、これはもう滋賀県彦根市の「ひこにゃん」ですなぁ。彦根三十五万石の、「井伊の赤備えのかぶと」をちょこんとかぶり、ちっこい目をしたネコちゃんのあれですよ。

ゆるキャラブームに火をつけたひこにゃんはどこでも引っ張りだこ。いまや彦根を越えてアイドル並の超人気。ゆるキャラランキングではつねに上位を独占。不動の人気を誇っています。

ゆるキャラ旋風を全国に巻き起こし、自治体のイメージアップや地場産業、あるいは特産品や観光PR、さらにはさまざまなイベントのマスコットとして大忙しのモテモテひこにゃん。それにあやかり、あとに続けとばかりに、いまではゆるキャラを持たないところはないほど全国に拡大増殖中。

なのに茨城県版ゆるキャラときたらうわさにすらのぼらないありさま。いや、それどころか

ハッスルすれどもブランド力最下位でした、茨城県は、ハイ!

「えぇ……あるの、ほんとに?」

超ド級疑問度で、こちらの顔をのぞきこんでくる。

えぇーい、うっとせぇー。茨城にだっちちゃんとあっぺしー、「ハッスル黄門」っちぃ名のゆるキャラがよー。

そら色の頭巾をかぶり、からし色の茶羽織を着て、白いあごひげをゆたかにたくわえた「ハッスル黄門」の大きくて、つぶらなひとみにじっとみつめられてみろ、そりゃーもういちころ、クラクラときてまいっちゃーから。それぐらいインパクトが強くて印象深いゆるキャラ「ハッスル黄門」なのに、なんですか、あんのー、とは。

この「**ハッスル黄門**」の誕生とはこのようなものでした。

05年11月、茨城県で開催された「ねんりんピック茨城大会」のマスコットキャラクターとして全国から一般公募。１２３４点の応募作品のなかから新潟県上越市の男性の応募作と福島市在住の男性が応募した、「ハッスル黄門」という名称が最優秀賞にかがやき、お生まれになったんですぞ。

これ以来、08年11月に開催された国民文化祭、09年10月の技能五輪・あびりんぴっくいばらき大会のマスコットキャラクターとして大活躍。しかもそのモテぶりときたら、いやーたいへんなもんです。08年7月、県庁内の各課に、「ハッスル黄門」をおおいに活用したいがどうかとのアンケートを取ったところ５４３名、なんと42％もの職員がぜひ活用したいと回答し、引く手あまたであることがわかったんです。

水戸黄門といえばテレビドラマですっかりおなじみ。助さん格さんをともなって全国を旅して歩き、行くさきざきで難事件にあいながら見事に解決してしまう。いつもながらのワンパターン。ところがこれが視聴者にはたまらない。

長寿番組の秘訣も、どうやらこの予定調和なところにあるようなんですが、なんといっても水戸黄門は「水戸のご老公」ともいわれ、名君名公として茨城県を代表する人物。ですから粗相があってはなりませんですぞ。

テレビの人気ドラマにあやかり、ゆるキャラ「ハッスル黄門」も目下全国漫遊中。茨城県広報課の職員が「ハッスル黄門」の着ぐるみを身にまとい、茨城県のセールスに汗だく猛ハッスルしてますから見かけたならどうぞひとこえかけてやってくださいな。

「ハッスル黄門」に追いつけ追い越せとでもいうんでしょうか、いまでは茨城県内各地にゆるキャラがぞくぞく登場、まさにゆるキャラのオンパレードなんです。

たとえば「**いきいき黄門さま**」は水戸商工会議所のイメージキャラクター。下妻市のホームページのキャラクターは市内に生息するオオムラサキをイメージした「**シモンちゃん**」。石岡市商工会議所のPRキャラクターは、恋する美しいお姫様が登場する「**いしおか恋瀬姫**」なんだそうで、笠間市は、日本三大稲荷のひとつといわれる笠間稲荷神社があることから笠間名物いなり寿司「**笠間のいな吉**」ときたもんです。

いな吉がおすすめの笠間のいなり寿司

「**はぎまろ**」をブランドイメージのキャラクターにする高萩市は茨城県で初めて、２０１１年２月から、１２５ＣＣ以下のバイクや小型特種車両など、市税対象車両のご当地ナンバーに「はぎまろ」のイラストを入れはじめたというから、ゆるキャラフィーバーもここまでくれば茨城弁で、「とっぽい」というものになりますなぁ。

いうなれば、お調子もんといったところですが、地域の活性化、地域おこしにひと役もふた役も買って出る、それがゆるキャラならば人に愛され親しまれ、話題になってナンボのものですから、ま、いっか。

それなのにいったいどーしたっていうんでしょ、この静けさは。汗だくでハッスルすれども「ハッスル黄門」がいまひとつ全国区になれない。

やっぱりブランド力最下位っていうマイナスイメージが、ひとびとに刷り込まれてるせいなんでしょうかね。だったらなおのこと、こんなときこそ水戸黄門さんの御利益におすがりすべきじゃないですか。

「下がりおろー、頭が高い。ここにおわす御方は天下の副将軍水戸光圀公なるぞ」

こういって葵の紋所が入った印籠を高くかかげ、とどめの一発をかましてもらうんですよ。そうすればたちどころに国民の視線は茨城県にそそがれ、「ハッスル黄門」の知名度アップまちがいなし……とまぁ、こんなうまい話、やっぱり無理ってぇもんでしょうかねぇ。

言いたくない愚痴やよまいごとを並べなければならない茨城って、やっぱり不幸なんでしょうか。

観光〝劣国〟茨城県

政官財民あげて、世はまさに観光立国をめざして懸命です。

とにかく資源の乏しい我が国のことですから、世界に情報発信できるものといえば四季にめぐまれた豊かな自然と風光明媚な景観、ということになる。それを埋もれたままにしておくのは宝の持ちぐされ、放ったらかしにしておく手はない、というんですね。そこで経済成長いちじるしいお隣の中国やＡＳＥＡＮの富裕層をターゲットに、あの手この手と観光客誘致で汗だくなんです。

そのせいなんでしょうか、東京の浅草や銀座、あるいは電気の町として知られる秋葉原界隈を歩くと、中国人のツアーと思われる一団が、コンダクターに引率されながらドッと押し寄せ、キャラクターグッズだの家電製品を品定めしているすがたが、最近やたらと目につきますね。

不景気だの景気低迷だのといわれ、蔓延する沈滞ムードからなかなか脱出できずにもがいているからなおさらなんでしょうか、浮かない表情の日本人を尻目に、彼らの旺盛な消費欲といったらもうただただ脱帽あるのみ。万単位の土産物でもポンポン……じつに気前がいいこといいこと。

そのようなリッチで陽気なアジア系観光客が各地の温泉地やスキー場、あるいは東京ディズニーランドのようなテーマパークに殺到し、かかえきれないみやげ物と引き換えに、たくさんの外貨をドーンと置いていってくれる。

見てごらんなさいよ、だから彼らが向かう先のホテルや食堂といったらどこもホクホク、笑いが止まらないといった顔をしてるじゃありませんか。

だのになんで茨城県は指をくわえ、うらめしそうな目で見つめなければならないんでしょうか。

いくらでもあるでしょうが、茨城にだって、観光名所ならば。太平洋に面した白砂青松のながーい**海岸線**が南北にのび、ウィンドサーフィンなど、マリンレジャースポットとしてけっこう人気を博しているじゃないですか。

それに茨城ってとこは、日本で三本指に入るものがけっこう多いことも忘れてもらっちゃあ困りますよ、観光業者さん。日本の三大河川といわれる**利根川**。さらに**霞ケ浦**。これらは茨城県にあるんですぞ。

霞ケ浦の、白い帆を大きく張った帆引き網の木造船が湖面に浮かぶ優美なすがたは、さながら一幅の絵画にも似て、こころをなごませてくれるじゃないですか。

袋田の滝だってそうでしょう。かの西行法師さんも訪れてるじゃないですか。

佐藤義清《のりきよ》と名乗る武将であった西行さんは、戦乱に明け暮れる世に無常をいだいて出家。歌よみの僧侶になったそうですが、袋田の滝のあまりの絶景に見ほれて立ち去りがたく、四度も振り返ってしまったっていうエピソードがあるぐらいでしょう。それ以来、四度の滝ともいわれてるんですよね、袋田の滝は。

冬の厳寒期には凍結して、氷壁となった袋田の滝がライトアップされた光景はいかにも神秘的で神々しく、敬虔な気持ちにさせられますよ、当方のような無粋の人間でも。

関東の三大祭りというものがあること、ご存じでしょ。えっ、ご存じない。困りますなぁそりゃー。

9月の3日間、**石岡市**で開催される「**常陸総社宮**」**のお祭り**ですよ、お祭り。

石岡市は、茨城県で最初に国衙（平安時代、地方に置かれた国の出先機関）が設置された、いわば地方のみやこだったんですよ。ですからおそらく当時の石岡は京のみやこからさまざまな風流風俗が持ち込まれ、風雅な遊びがいちはやくはやったにちがいないですね。石岡の祭礼なんぞもそのひとつかもしれませんよ。

常陸総社宮は神護景雲時代に創建されたともいわれてますが、正確なところはあいまいみたいです。まぁ、そもそも我が国の歴史そのものがそうであるように、古墳にしろ神社にしろ古くなればなるほど、いつだれが、どのようにして作ったのかなんて、わからないのがだいたいなんです。だからこの総社宮になんでスサノオノミコト、ニニギノミコトがお祠りされなければならないのかも、正確にはわからないといっていいかも知れません。

ともあれ3日間の祭礼には各町内から山車やら幌獅子がくり出し、

おっしゃいおっしゃいおっしゃいナ

ぶっちゃけバケツが十三銭

安いと思ったらそこ抜けた

ってな囃し言葉をかけながら、威勢のいい男衆、女衆が町を練り歩き、市内は祭り一色で活気づくのなんのって、ものすごい熱気ですよ、この3日間は。

関東三大祭りとは千葉県の佐原ばやし、東京都府中市の暗闇祭り、そして常陸総社宮祭りをいうんだそうですが、祭礼には関東一円の露店商、いわゆるテキヤさんですが、お集まりになり、勇壮な祭りにいっそうの花を添えてくれてるんですねぇ。

それなのに、注目度、いまひとつだから言いたくなるんです、それっちゃあんめーぇよ、って。

そりゃーたしかにお隣の栃木県には日光東照宮、群馬県には伊香保に草津など、確固たるネームバリューをお持ちの観光資源が豊富なのは認めますよ。

なにしろ日光東照宮といえば修学旅行の定番コースにさえなってるぐらいなんですから。行きましたよ、当方も、中学の修学旅行で。ねむり猫に「みざる、いわざる、きかざる」の三猿もあったっけ。それに陽明門。別名「ひぐらしの門」といわれるだけあり、みごとなすがたはなるほど、一

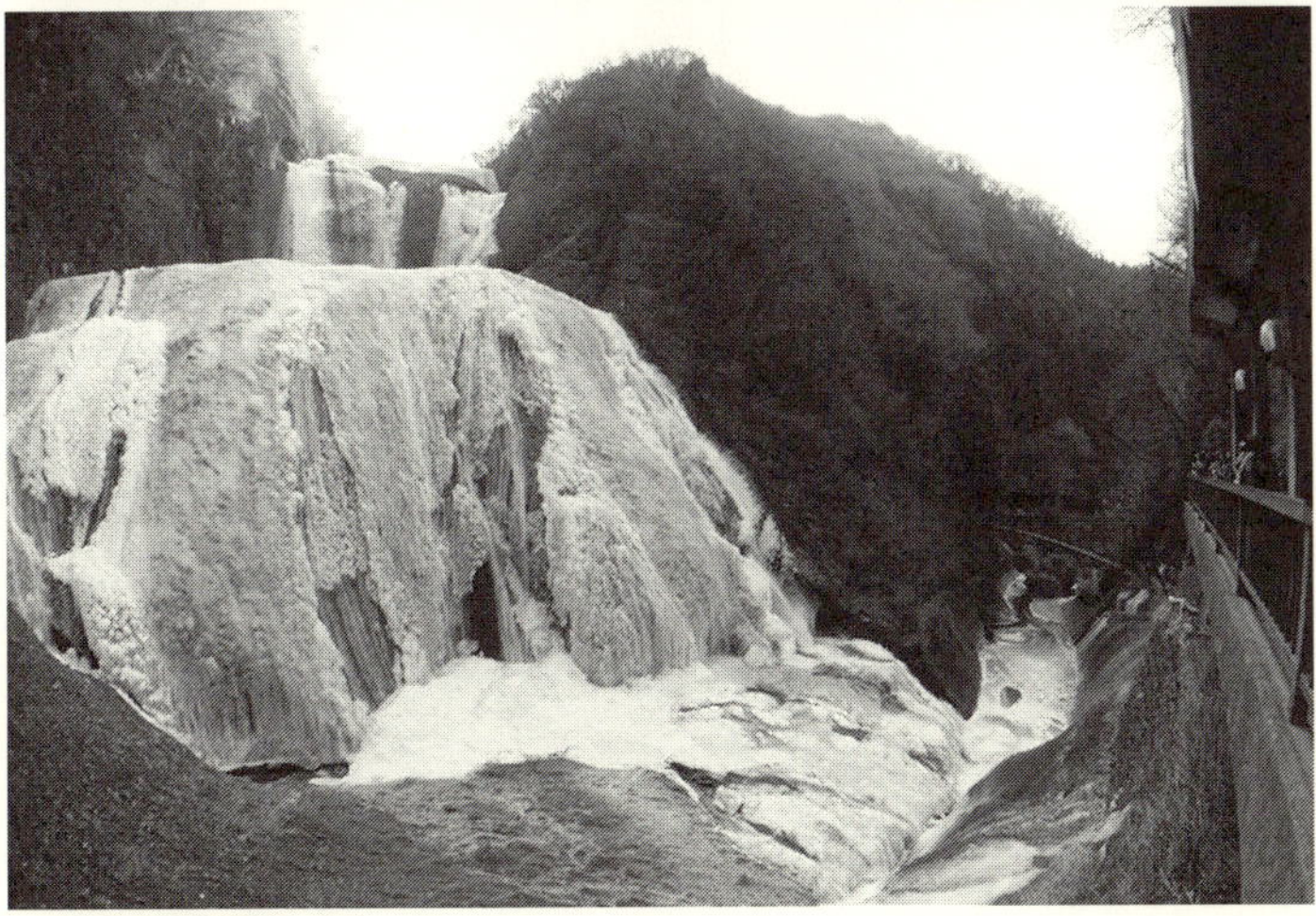

上　霞ヶ浦の情影
下　氷結した袋田の滝

日中ながめてもあきない壮麗な美しさを放ち、当方なんぞはもうほとんどぽかぁーんと口をあけっぱなしでながめたもんでしたよ。

伊香保温泉に草津温泉。こちらも会社の慰安旅行、農協の観光旅行の、これまた定番コースなのもよーく存じてます。

そこへいくとわが茨城県、修学旅行のコース、はたしてあったでしょうか。県外の観光客を呼び込み、引き付ける、魅力的な温泉、はたしてあるでしょうか。スキー場は、リゾート高原は……。

残念ながら　？　なんですねぇ、茨城ってところは。

せっかくのバカンスをリッチにすごしたい。このように思っても茨城県はその受け皿がないからたいしたおもてなしもできない。これじゃー観光客に見放されてあたりまえ。だから国家国民がこぞって観光誘致の笛を吹き、手拍子足拍子で音頭をとれども踊りたくても踊りようがないんですよ、茨城県は。


えっ、なぜかって？


ここまで白状しているのにまだ言わせるとは、あなたもほんとうにお人が悪い。

ああ、わかりましよ、わかりました。いいでしょう、言いますとも、正直に。

観光立国ならぬ観光〝劣国〟だからなんです、茨城県っとこは。

有力な観光地がないってことは、人をお招きしたりおもてなしができないってことですから、そりゃーさびしいもんですよ。

それだけじゃーない。観光地があるからこそできる人と人とのコミュニケーション、地域間の文化や情報のキャッチボール、これができないってこともあるんです。だから観光資源が潤沢なところとそうでないところとではさまざまな格差もうまれ、肩身もせまくなります。

たしかに利根川や霞ケ浦にかこまれ、景観だってけっして遜色ありませんよ。でもねぇ、お客さんをお招きするのに広い、大きい、これだけじゃーねぇ……。

こんな観光メニューしかご用意できず、さしたるおもてなしもできない茨城県って、やっぱり不幸でしょうか。

いまだ首相も出ない、あぁ無残

明治18（1885）年12月、伊藤博文が最初の首相に就任して以来、我が国の内閣総理大臣は菅直人元首相で94代目になるんだそうですよ。

この間にはさまざまな首相が誕生しました。たとえば東京駅構内で暗殺された首相、戦争指導者としてA級戦犯に問われた首相、ばかやろー、と怒りをぶちまけて衆議院を解散した首相、貧乏人は麦飯を食えとかなんとか言い放った首相、日本列島改造論を引っ提げ、日本中をブルドーザーでかき回した首相、あるいは自民党をぶっ壊すといきまいた首相がいたのは、まだ記憶に新しいところです。そしてある首相などは、国外、少なくとも県外、と颯爽たるところを見せたのが命取りとなってしまった、まことにあわれな首相もおりましたっけ。

かように個性豊かな首相たち。なのに茨城県からはいまだひとりも首相が登場していない。これはいったいどうしたっていうんでしょう。それだけ人望がない、首相にふさわしい、広い見識とゆたかな経験をそなえた人材がいないってことなんでしょうか。同じ北関東に属する群馬県は我が国でも指折りの首相輩出優良県だというのに。

なにしろ群馬県といえば昭和51（1976）年12月の福田赳夫首相誕生を皮切りに、中曽根康弘さん、小渕恵三さん、福田康夫さん――。なんと4人もの人たちが国政の頂点に立ち、国政の運営に携わってるんですから、えらいものですよ。

これだけでもスゴすぎだっていうのに、そのうえおまけに福田赳夫・康夫さんのご両人は親子。親子が総理大臣になったなんて、我が国ではいまだかつて前例がない。

その前例のない快挙さえやってのけてしまうんですから、いやーじつにあっぱれ、見上げたもんですよ、ほんと、群馬県ってところは。

しかし首相の優良供給源でいえば山口県がなんてったってナンバーワン。初代伊藤博文さんをはじめ山県有朋、桂太郎など8人の首相が続々と登場。

我が国に内閣制度が導入された明治時代は薩長閥が国政を牛耳ってましたから、岩手県出身の第19代原敬首相が現われるまでは、首相の座もほとんど両者が独占。権力のウマミを分け合ってたもんです。

その岩手県、こちらも原敬につづいて斎藤実、米内光政、鈴木善幸、4人の首相を送り出してるんですなぁ。

首相の座を射止められるかどうかはまず、国政選挙で、投票という名による国民の審判を受ける、出身政党が国会で多数を占め、第一党になる、これが条件。したがって首相とは、いくつもの難関を突破した、つまり権力闘争に勝ち残ったものだけが獲得できる栄光なんですねぇ。ヤワな人間じゃー、とても勤まりません。

もっとも心臓に毛がはえてるぐらいだから政治家をやっておられるんでしょう。ある首相なんぞ、首相をつとめたあとはきれいさっぱり政界から身を引くなどと、政治家の鏡になるようなうつくしいことを言っておきながら、いざその時になってみれば、結局あれこれこじつけを弄してバッジにしがみついている。

厚顔無恥というたとえは、このような元首相のためにあるんじゃないかって当方などは思うんです。キレイゴトではつとまらないといってしまえばその通りなんですが、権力欲、あるいは旺盛な野心がないようでは蹴落とされるのが政治の世界。これは洋の東西、今昔を問わず真実ですなぁ。現に権力の座をめぐって暗殺、テロル、クーデターはいまも絶えたためしがございません。

もっとも最近は、世襲総理も少なくないうえ短命ときているから、首相の相場もずいぶんと下がってきてますがね。

ともあれ、なにゆえ茨城県からひとりの首相も現われないのか、じつに不可解。政治や社会問題にけっして無関心な県民ではないはずなんです。幕末維新の動乱、あるいは昭和初期に勃発した血盟団事件や五・一五事件の主役は茨城県民であったように、むしろ政治問題、社会問題にすぐ熱くなるタチなのにねぇ。

それなのに天下取りには加われない。いつだって脇役に甘んじてる。それぐらいだから、次期首相は我が県からなんて、首相待望論も起きやしない。

なにも首相を出すことで、あれを誘致せよ、これを作ってくれ、そんなケチな料簡でいってるんじゃありません。

そりゃあたしかにどこかの首相は生まれ故郷に高速道路をもってきた、新幹線を引っ張ってきた、そのほかさまざまなハコモノを作り、地元の土建業者に仕事をバラまき、ふところをうるおした。そしてその見返りにカネと票をかきあつめ、いま太閤などと評された総理大臣もおりましたよ。

だからってそんな我田引水の権化のような首相を期待してるわけじゃぁ、もちろんありませんよ。おのれの名誉欲だの私利私欲を超え、国家国民のために本気で汗をかき、安心して国家の舵取をまかせられる、そのような熱血宰相の登場を待ってるんです。

ところがそのような人材が現われない。これってやっぱりいまなお尾を引いてるからなんでしょうかねぇ。水戸藩からは、いかに優秀な逸材がいても将軍に就くことはできなかった、というトラウマが。

思い起こせば徳川光圀さんも、徳川斉昭さんも、天下国家のため本気で取り組んだ人でした。とくに斉昭さんなんぞはそうですよ。ペリー提督が黒船艦隊を率い、武力を背景に恫喝外交を迫るのに憤然と立ち上がり、ウロタエる幕府の体たらくをこっぴどく批判するとともに我が国が取るべき外交指針をきっちりと指し示し、国家の尊厳を保ったじゃありませんか。我が国が欧米諸国の植民地にならず、独立国としての体面をしっかり維持できたのは、先見の明をもった、こうした人物がいたればこそではないですか。この気概を忘れちゃいけませんよ、茨城県人であるかぎり、ね。

だから言いたいんです、声を大にして。出でよ、いまこそ平成の徳川斉昭公——と。

けど、首相も出せず、このような夢想にふけるしかない茨城って、やっぱり不幸なんでしょうねえ。

徳川斉昭

そんなに悪いか、「かっぺ」言葉

ここでは全文茨城弁で書きまくっちゃーべよ。

オラ、ふんとにブッたまげちゃったよ。なにが？　国道125号線をえぇー気分で車ぁーぶっとばしてっときだっち。ふとわき見だら立ってんだ、こーたもんがよ。

「危ねぇべ　黄色止まれと　いってっぺ」

こんじゃけだねぇ、国道408号線、こっちでもあったんだ。

「知ってっぺ　飲んだら乗んな　忘れんな」

こりは茨城県交通安全協会がつのった交通安全川柳のコンテストで採用されたもんだけんとが、こーたノボリが道端にヒラヒラはためーでっからオラー、吹き出っしゃったよ、茨城弁っちゃ、なんでこーたにおもしいもんなのかっち。

こーた標語見だらばギョッとすっぺよ
茨城弁で交通安全標語

茨城弁っちゃ、東北弁の、いわゆるズーズー弁っちいわりる濁音まじりで、尻上がり。おまけにアクセントがねくて敬語表現もねぇーときてる。んだげぇーたといば、「○○さんいらっしゃいますか」っち尋ねるにしでも、「いっけ」、「いっぺがや」、こーたあんべぇになんだ。

あるいは相手に同意だの勧誘をもどめるにしても、「行こう」を、「行くべぇ」、「行くげぇ」となり、「帰ろう」は「帰ぇるべぇ」、「帰ぇっぺ」——となんだや。

茨城弁の分布っちぃのも、県内はもとより福島県南部、栃木県中部、東部、群馬県の館林周辺にまでおよんでるちぃーはなしだげぇー、けっこう広範囲で使ぁれでるみてぇなんだわ。

アクセントがねぇーぐれぇーだげ、言葉はぶっきら棒。そのうえ敬語表現もとぼしいげぇ、いたって無愛想。んだげぇー、茨城弁の特徴ぉ、知んねもんにゃはなはだ不遜に聞こえ、「なんだ、こいつは」、っちぃことにもなりかねねぇーだよ。

けんとがこころはまっさら。悪意なんちゃちんともねぇ。そいでも誤解を受けやすいっつぅ弱点はあっぺぇーな。

ところで交通安全川柳だけんとが、2010年度の応募作品から飲酒運転根絶部門の最優秀に選ばれたのは、なしたもんかちぃーど

「でれすけが　飲ますおめぇも　同罪だ」

ギョッとすっぺよな、こんなの見たらばよ。歩行者・自転車利用者の事故防止部門も挙げっと、最優秀作品はこーたもんなんだわ。

「止まっぺよ　かわいい右手　あげてっぺ」

優秀作品はっちぃど、こうだわ。

「死んじまーど　行げっぺ来ねぇべ　渡れっぺ」

まぁーずなんだわな、茨城弁でこーもズバズバ言わりっと、事故の場面ナマナマしくなっちくっけぇ、緊張感もっち、ハンドル握んねげぇしゃーんめ、っちぃ気になるわな、だいもがよー。

それはそれとして、ちかごろなんだわなぁー、方言が見直されでるっつぅーのが、方言がもっち

るエンターテインメント性ぇー再認識すっぺぇーつぅのが、ローカルテレビ局が方言つかったバラエティー番組を放映してるっつぅ話だねぇーの。

「方言彼女」とかゆー、若げぇむすめっこらに出身地の広島県だの愛知県だの山梨県なんかの、お国言葉をしゃべらせ、〝方言〟と〝萌え〟の、このギャップで笑わせっぺつぅー番組らしいけんと、いいんだねぇげぇー、なしたもんでも。そんで方言のよさ、おもしろさがわがってもらいるキッカケになんだらばよ。

「なまりなつかし停車場の……」。かの石川啄木さんも、方言のなつかしさぁー、こーたふうに歌ってっぺよ。

故郷の岩手県渋民村をはなりで東京暮らし。こころも暮らしもパサパサに乾いで殺伐としでる。そぅーたどき、ふと上野駅で、在所のなまり言葉でくっちゃべってるお客がいだ。気がついでみだら、なんだかしんにけんと急になづがしさがこみあげてきっちゃって、用もねぇーくせにそのお客さんとこさ寄ったかり、なまりー、ききだぐて耳ぃーそばだでてでんだねぇーの。

んだよんだよ、わがんだよなぁー、オラにもよぅー、この気持ち。東京暮らししてっと、茨城弁がむしょーに恋しいときがあったけよ。

だのに近ごろこの茨城弁、だんだんと使ぁしと減ってるっち話だげぇ心配ぇなんだよね。現に茨城県南地方は、茨城都民なんちぃーしとが都内からどんどん移転してくっから、いわゆる「さー」

言葉の標準語っちぃもんに侵食され、茨城弁はほとんど全滅。そりが徐々に北上してっからうがうがしてらんによ、ここらで踏ん張んねげ。

方言は地方の手形なんち、いうべよ。方言せぇーしゃべれば、そんじゃげで身元がわがっから疑われっこともねぐ、素通りできるっちぃこったけんと、それっつぅーのも方言はその土地の風土、歴史、人々の暮らしなんかがまぜっこになった中から生まりだ文化だがらだっぺよな。

んだげぇー、方言を粗末にしてもらっちゃー困んだよ。ましてギャグだのダジャレなんちゃにして、お笑いのネタにするなんち、バチあだりのまねぇーすんだねぇーっつうんだよ、オラはよー。とはりっても、茨城弁を神棚さあげで毎朝手ぇ合わせでおがめ、なんち言ってんだねぇーど。生まれだ故郷の文化ぁーでぇじにしろ、誇りぃー持でぇー、ちってんだ。

ところでまたまた交通安全川柳だけんとが、こーたもんもあっから挙げとくべよ。

「いまちんと　りっくら行ったらいがっぺよ」「ばんかたは　ライト早めにつけっぺよ」「事故のもと　よがっぺ　いがっぺ　かまぁーめよ」

まぁーなんだわなー、こーた標語のノボリが道端にならんでっと、けぇって事故のもとでねぇのげぇーっち、安全協会さ言ってやりでくなんねげぇー。

んだっぺよ、脇見運転は事故のもとだげぇーすんだねーどっち、いっておきながら、脇見運転をすすめでるみてだっぺよ、こんでは。方言だげぇーついつい見たぐもなっぺし、読めばなおさらユーモアたっぷりだげぇー笑いだくなっちぁー。んだげぇー考えたんだよオラも、こーた標語をよー。

「茨城弁　おもしろ　おかしく事故のもと」

うぅーん、だみだっぺが、こーた標語は。

標語のせぇーではあんめけんと、２０１０年1月から9月末までの、茨城県における65歳以上の交通事故による死亡者数はざっと67人。全国ワーストワンっちぃーがら、やっぱし茨城県っちゃ不幸なんだっぺなぁー。

茨城の県民気質とは

おそらく皆さんもよく聞くことではないでしょうか、県民性とか県民気質とかいう言葉を。

ご存じのように我が国は、アジア系のへりっこにベタッと張り付き、タツノオトシゴのようなかたちをして、南北に細なが〜い列島をなしてます。おかげで亜熱帯の琉球諸島あり、亜寒帯の北海道ありというように、気候風土も変化に富んでおり、ゆたかな産物にめぐまれ、勤勉で、つつましく、人情こまやかな国民性をもっています（これはちとほめすぎでしょうか）。

ひとびとの暮らしは気候風土に大きく左右されますから、これらが違えばライフスタイルも、もの考え方も、感受性も違ってあたりまえ。そしてこの違いがそれぞれ特有の県民性、県民気質をはぐくんでいるんですよね。県民気質とは、その地域に暮らすひとびとの性格や行動を端的に表現した、いわば県民総体の最大公約数のようなもの、と当方はとらえてるんですがどうでしょう。

そのため、たとえば、あなたのお国はどこですかときいて、青森県と答えられれば〝じょっぱり〟

とくるし、高知県とお答えになれば、すぐさま〝いごっそう〟とくる。

県民気質とは、県民性を知るうえで非常に便利なツールです。けれど便利なだけに、伝える相手や用いる場所、タイミングなどＴＰＯを十分考慮しておかないととんでもない誤解や偏見を与えないともかぎりません。

さきの「じょっぱり」にしても「いごっそう」にしても、それは一途、ひたむき、あるいは裏表のない、まっすぐな性格をいうんであってむしろほめ言葉。単なる強情っ張りのわからずやを意味してるんじゃないんですよ。

だから、「怒りっぽい」「骨っぽい」「理屈っぽい」――。このようにいわれる茨城の県民気質も短所と思われちゃ困るんです、長所でもあるんですから。

さて、ここからの話はわが郷土茨城の県民気質となります。

「怒りっぽい」「骨っぽい」「理屈っぽい」――。

これを茨城の「三ぽい」とか水戸の「三ぽい」などと言われるんです。

たしかにこの県民気質、否定しませんし、まったくご指摘の通りとさえ思っております、茨城県民にはこのような性格がじっさい根強くあること、当方の性格と照らし合わせ、日々実感しておるところでもありますから。

茨城県民、とりわけ男性の場合、とかく怒りっぽいタチなんですね。

相手に非があり、道理や道義に反する行動に接した場合、それを正すには穏やかな言葉で説諭したほうが効果的であり、説得力だって断然増しましょう。もちろん茨城の男どもだってそれぐらい百も承知。いたいほど知ってます。承知してるくせしてできないんですなぁ、これが、なかなか。だからこそ県民気質なんでしょうがね。

「そーたまだらっこしいこと、やっちられっかっつぅーの」

すぐにこうくる。しかもこれだけじゃない。このうえ爆雷を発し、いけないとわかっていながら口よりさきに手のほうがはやいなんていう場合、なきにしもあらずなんです。

「骨っぽい……」

これもまったく仰せのとおり。返す言葉もございません。たとえば何事かの相談などという場合、世辞のひとつやふたつ振りむければ相手の気分もほぐれ、場もなごんでその後の話し合いがスムーズにゆくというもの。ところが元来駆け引きなどハナから嫌う性格だから世辞など邪道として一蹴。あくまで単刀直入、正攻法。

とにかく「まぁまぁ」ってやつが通じない、正直にバカがつくほどの融通のきかなさなんです。理屈っぽい。これまた同感。一度言いだしたらゆずらず、頑として自説を押し通そうとする。だから、

「空気がよめない、いやなやつだ」

となり、けむたがられ、近寄りがたいとして敬遠もされる。

じっさいひるがえって、当方などこれら三ぽいのどれもがそのますますっぽり当てはまっちゃいます。怒りっぽいし、原理主義者と人に言われるほど骨っぽいタチで、自説をゆずらない。そのうえ理屈っぽいときているからもう目もあてられない。

さきに茨城弁は敬語や自己表現に乏しいといいましたが、茨城弁がもつそうしたマイナス要因が県民気質の負の側面に輪をかけているという点もあるでしょうね。ものの言い方がストレート、性格が直情径行的、思慮よりさきに行動――。

ま、これが〝水戸っぽ〟ってやつなんですが、ただし頑固ではあるけど頑迷ではありません。言っていること、やっていることが道理に反し、理屈に合わないのに自説を押し通し、聞きわけのないのが頑迷。その点、茨城の県民気質は、自分に非があれば率直に認め、改めることやぶさかじゃないんです。

融通がきかずぶっきら棒。だから気のきいた世辞もジョークも洒落も言えない。バカ正直で一本気。そのような一刻者。これが水戸っぽであり茨城の県民気質ってやつなんです。

でも、それをわかっていながらいまさら変えようがないんですよ。なにしろ骨の髄まで染み込んだDNA、県民気質なんですもの。

「怒りっぽい」「骨っぽい」「理屈っぽい」――。

こんな県民気質の茨城って、やっぱり不幸なんでしょうか。

つくり上手の売り込み下手

いっけん粗野に見えてじつはシャイ。

茨城県民って、このような性格なんですよ。これが如実に現われるのがビジネスなどの場面。つまり、〝つくり上手の売り込み下手〟ってやつです。

この形容詞ほど茨城の県民性を端的に表わしたものはないっていうほど的確なんですなぁ。

画期的なアイデアと斬新な着想——。

非凡な才能を発揮して社会に貢献。その後の歴史や人々に多くの影響を与え、道しるべとなる。そのような例は先人にも見られます。それなのに一般的評価はというと、くやしいほどいまひとつなんです。

たとえば長久保赤水さん。この方は享保2（1717）年、現在の高萩市で農民の子として生まれたんですが、持ち前の向学心から儒学者となって水戸藩につかえる一方、地理学や農学などにも研究対象をひろげ、安永8（1779）年、我が国で最初の経緯度をもった『大日本与地路程全図』を完成させ、大坂の書店から出版販売させちゃってるんですよねぇ。それなのに、「そんなはずない。我が国で最初に日本地図をつくった人っていえば、たしか伊能忠敬だったはずだ。社会科の教科書でそう習ったぞ」

こう言って怪訝な目でこっちを見るもんだからまいっちゃいますよ。

だってそうじゃありませんか。伊能さんは長久保さんより約半世紀も遅れて出てきた人。おまけに伊能さん、長久保さんの地図もしっかり参考に取り入れてるんですぞ。

伊能さんの『大日本沿海実測地図』が完成したのは文政4（1821）年。しかもこの地図は官製でしたから長らくマル秘扱い。私たちしもじもの人間が見られるようになったのは明治になってからのことでした。

その点長久保さんの地図は市販され、庶民の旅行や訪問に大いに役立ち、まさに実用的。じっさい吉田松陰さんは関東東北の旅行に出たさい、長久保さんの地図をたよりに歩いたことを伝える手紙を故郷の兄に送ってるんです。

それぐらい庶民に重宝がられ、愛用された長久保さんの地図だというのに、どの教科書をみても、我が国最初の地図をつくった人といえば伊能忠敬といい、長久保赤水のナの字も出てきやしない。

これじゃあいささか片手落ちってもんじゃないですかっつぅーの。

つくり上手の売り込み下手――。

　過去の例だけじゃない。現在だってそうなんです。茨城県には〝日本一〟といわれる、たとえば農産物や産業、あるいは牛久大仏のような建造物などなど……けっこう多いんです。ところがひとびとのこころに揺さぶりをかけるにはいまひとつインパクトが弱いせいなのか、それとも売り込みが下手なのか、見向きもされない。

　こんな性格の茨城県に生まれた私たちって、やっぱり不幸なんでしょうか。

牛久大仏

日本三大ブス産地水戸といわれて

な、なぬぅ、水戸は日本三大ブス産地のひとつだと――。

うーん……じつに怪しからん。そんな不届きものはすぐさま引っ立てて、お仕置きにしておやり。

だってそうじゃないですか。水戸といえば茨城県の県庁所在地。県の都であり茨城県の顔。その水戸があろうことか日本三大ブスのひとつだなんて……。ということは茨城県の女性はそろいもそろってみんなブスばっか、てなことになるんですぞ。

ちまたでは、なんでも水戸、名古屋、仙台――ここを日本三大不美人の産地といってるそうなんですねぇ。まぁ、そう言われるには言われるだけのわけがあるってことなんでしょ、たとえばこんな具合に。

名古屋の場合は、初代徳川家康さんをはじめ江戸のお殿様は名古屋出身が少なくない。そのため将軍が代わるたんびに名古屋中の美人を掻きあつめてお殿様に献上。気がついたら名古屋には美人がまったくおらず、いるのはそれなりの女性だけ、っていうんですよ。

仙台は、っていいますと、こちらは悪所通いが大好きな伊達三代藩主綱宗というお殿様がわざわいしてるんですね。

悪所とは遊郭のこと。江戸吉原のくるわに入りびたりの綱宗さん、高尾太夫という吉原一美人の遊女にぞっこん。「わしの女房になれ」、と猛烈にアタック。

ところが高尾太夫さん、この要求をあっさり拒否。受け入れてれば玉の輿、間違いなかったのにねぇ。これに逆ギレしてしまった綱宗さん、高尾太夫をお手打ち。なんとむごいことを。だから高尾太夫の怨念が仙台の女性に乗りうつってしまい、不美人しか生まれないようになってしまった――とまぁ、こんな塩梅なんですわ。

だったら水戸はなんだ、となるわけですが、こちらは仙台や名古屋とは事情がちょっとだけ違うんですよ。というのも、水戸はもともと美人美女の宝庫だったからなんです。それが逆転したのは、じゃあなにかってぇーば、こういうことなんですよ。


水戸は佐竹一族の領地。ところが関ヶ原の戦いで佐竹義宣さんは石田三成さんに味方しちゃったもんだから徳川家康の激怒を買い、秋田県に追放。450年間も支配してた水戸からとっとと出てけ、とばかりに北国に追い払われてしまったんですねぇ。

このとき、多数の家来とともに水戸の美人美女たちも一緒に秋田県についていったってわけなんです。

秋田県といえば博多美人、京美人、金沢美人と並ぶ美人美女の産地。けど、秋田美人、ルーツをたどれば水戸から移った女性だったんですよね。

美人だけじゃーないんですよ。じつは秋田名物ハタハタ。これも常陸の海にいたものが、佐竹のお殿様を慕って秋田の海に集団移住してしまったっていうのですから、驚くじゃありませんか。

とまぁ、ここまでいってしまうとほとんど与太ばなしですが、元来美人美女の判断なんてアバウトなもの、じつにいい加減。現に、惚れてしまえばあばたもエクボ、なんてたとえもあるぐらいでしょ。

そーそー、美人薄命。このようなたとえもありますしね。

小野小町さんっていえば我が国きっての絶世の美女。あまたの男どもをつぎつぎとソデにして純潔を守り通したそうですが、末路はまことにあわれなもの。老いさらばえ、旅路のはてに病死というありさまでした。

小野小町の終焉の地といわれるところは各地にございますが、茨城県旧新治村もそのひとつ。当方の朋友であり、陶芸家である小野卓氏はなにを隠そう小野小町の後裔。富豪のたたずまいをみせる広大な屋敷の一角には小野小町さんのお墓もちゃんとあるんですよ。

人が変われば美人も変わり、時代とともに美人の解釈も違ってきます。

かつては、美人といえばおかめさんのような、ふっくら下ぶくれの顔がその条件。平安絵巻などを見ると目が細く、おちょぼ口。それが美人の代表格でした。

これが江戸時代になると、元禄絵巻や浮世絵で見るように、立てばシャクヤク座ればボタン。歩く姿はユリの花——なんていわれたかどうかは定かじゃありませんが、ほっそり、スレンダーな体型にやなぎ腰、というものに変化するんです。

そして現代。近ごろは小さな顔にスリムボディ。これが美人美女の必須条件。そのせいか、世の女性たちは我も我もとダイエットにこれつとめ、涙ぐましいほどにご努力をなさっておられる。なかにはどうころんだって無理みたい、と思わせる人までね。

そんな女性を見たりすると、だから当方なぞは同情のあまり、こう言ってあげたくなるんですよ。そんな無駄な努力は即刻おやめなさい。そんなことしなくたって、あんたが美人っていわれる時代がきっとくる……って。

だってそうでしょう。美人の条件は変わるもんだし、絶対不変なんてあり得ないんですから。だからいまはそうでなくても、落ち込むことも、親を恨んだりすることもまったくないんです。その顔、その声、その姿。時代を先取りした22世紀型美人——そう思い直してデーンとかまえてればいいじゃありませんか。

とはいっても、顔じゃーないよ、ココロだよ……なんて気休め、言うつもりもありませんがね。

いつの時代だってブスより美人のほうがそりゃやっぱりトクだし、世の中生きやすいのは真実なんですから。クレオパトラしかり、楊貴妃しかり……。

その点、水戸はどうでしょう……。

そんな茨城って、やっぱり不幸ってことなんでしょうかねぇ。

第2章 日本一と〝三大〟で逆襲

農産物生産日本一

これまで当方は、茨城県人でありながら茨城県の短所や欠点をさんざんあげつらい、ダメぶりを言いつのってまいりました。そのためこころがチクチクいたみます。

弁解がましいと言われればまったくおっしゃる通りなのですが、でもねぇ、本当は悪口など言いたくなかったんです。好きで好きでたまらない茨城県だもの、なんで好んで悪態などつけますか、ってぇのよ。

けど、それでは本書のコンセプトにそぐわない、とことん劣悪で、ダメさこのうえない、そのような茨城県のトホホな姿を容赦なく書きまくれ――。

杉山尚次社長のきびしいお達しのため、涙をのみ、こころにムチ打ち、まことに断腸の思いで茨城県の欠陥を暴露する〝ヒール〟を引き受けた次第なんであります。

でももう憚ることはありますまい。これ以上言うことがないぐらい洗いざらい欠点をぶちまけてきたんですから。おかげでこころはスッキリ、胸のつかえが取れ、気分はさわやかです。恥も外聞もさらけ出し、短所欠点のかぎりを尽くせばあとはもう恐れるなんてなし。どっからでもかかってこい、といった心境です。だからいよいよ守りから攻め、守勢から攻勢、茨城の逆襲の、さぁーゴングが鳴りました。

茨城県は日本一が目白押し。宝の山がザックザクだってこと、あなたご存じ?

ああそう、ご存じない。そりゃまぁ残念。

じつはそうなんですよ。日本一とされるものがこれほどそろっている県もそうざらにあるもんじゃない。ざっと数えただけでも両手、いや、両足の指を足してもまだ足りないのでは……。

なんといっても茨城県は全国でも有数の農業生産優良県。温暖な気候と、およそ61万平方キロメートルという、全国24番目の県土をもち、このうち耕作面積は1766キロメートル、県土に占める割合は29%で全国一。広大な関東平野にめぐまれてるため生産高日本一といわれる農産物もけっこう多いんですよ。

論より証拠。まずはいくつか例を挙げてみましょう。

以下の数字は08年のケースですが、茨城県で生産されたピーマンは33万8千トン。全国シェアの、なんと23%を占めてるんですね。

白菜は約22万トン。これも全国シェアの24%。クリは6万1千トン。こちらも全国シェアの24%

をものにしてるんです。

つづきましてメロン。こちらの生産高は約47万トン。全国シェアの23%を押さえ、レンコンは全国シェアの43%、27万3千トンの生産高を誇り、堂々の日本一にランキング。

数字がならんで恐縮ですが、ページを飛ばさず、いましばらくお付き合いください。

茨城県が屈指の農業県であることを裏付けるものに、東京都中央卸売市場での2010年の青果物の取り扱い高、取り扱い数量ともに全国1位というものがあります。

取り扱い高は約551億6千万円。取り扱い数量は22万6千トン。青果物全体の2・4%にあたるそうなんです。

東京都中央卸売市場は長らく千葉県がトップに君臨し、ひとり勝ちでした。けれど取り扱い高で110億円、取り扱い数量では約3千トンほど上回り、千葉県を押しのけてみごとトップの地位を勝ち取ったんですね。

いまや我が国の食料自給率は40%。いや、それ以下ともいわれ、危機的状態に直面してます。しかも放棄され、荒れ地と化した耕作地は埼玉県の面積にも匹敵するというじゃありませんか。

これらに追い打ちをかけるように農業人口の減少、高齢化、担い手不足……。

農業を取り巻く環境はじつにきびしく、日本の農業はこれから先いったいどうなってしまうのか……それを思うと心配でたまりません。

とかく憂鬱になるなかで、茨城県にかぎっては農業ゲンキ、活気に満ちてますからたのもしいかぎりです。

とくに当方が茨城の農業のゲンキよさを感じるのは、国道50号線の鹿行地域を鹿島灘に沿って南下するときなんですね。

鹿行と書いて「ろっこう」と読み、鹿島・行方地方を総称するんですが、この地域はメロンの一大生産地。軒並みメロン農家なんです。

国道の両側にはメロンのハウス施設が延々と続くもんですから当方はかってにこう、しゃれこましてるんですがね。〝茨城のメロンロード〟〝茨城のメロンイーストコースト〟なんて。

じっさいメロン農家は不況、不景気なんてどこへやら。豪邸を建て、高級車を走らせ、〝メロン御殿〟〝メロン成り金〟で羽振りがいい人も多い。

でもね、景気は天から降ってくるものじゃありませんし、一朝一夕に築けるものでもありません。好況をささえるかげには生産農家の、人知れぬ努力と熱意があればこそのたまもの。全国一にあぐらをかき、甘んじてなどおれないんです。

ま、茨城県は『常陸風土記』のなかでも、肥沃な土地と海にめぐまれ、水陸両方の産物であふれ、常世《とこよ》の国とはこの地をいうのでは、と紹介されてます。

古来より野のめぐみ、海のめぐみにかこまれひとびとはおだやかな暮らしをいとなみ、それはいまもなおしっかり受け継がれているんですね。じっさい農産物だけではなく、茨城県の沖合でとれたマイワシは6万4千トン、サバは12万2千トン。この漁獲量は同じく全国一なんですよ。

そういわれりゃその通りでしょう。レンコンもハクサイも、あるいはサバもイワシにしても、けっして高級な食材じゃーないといわれれば。どれもが家庭の食卓によく並ぶものばかり。けど、だからこそいいんじゃありませんか。安全安心の食材を多くの消費者に届ける。消費者はハクサイを使った寄せ鍋、レンコンとサトイモの煮っころがしなど、こころのこもった手料理が食卓に並び、それを家族がおいしくいただく。おいしい料理には家族の話題に花も咲き、家庭円満、家族和合、ぜったいうけ合いです。

ご家庭の円満、ご家族の健康は茨城県産農産物から——。

このように胸を張っても張り過ぎることはないんです。なぜかって。東京都中央卸売市場に占める茨城の野菜がそのいい証拠ですよ。もしかりに、茨城県が全面的に出荷停止に踏み切ったとしたらどうなりますか。都民はたちまちパニック。買い占め、買い溜め、売り惜しみに陥ること、疑いありません。

ということですので、たくさんとは申しません、ほんのわずかでけっこうですから、茨城県にもやさしい眼差しを向けてくれると嬉しいんですけどねぇ。

ビールで味わうしみじみふるさと茨城県

ビールを飲むたびに味わってください、しみじみふるさと茨城県――。

なぜって、いま飲もうとしてあなたがグラスにくちびるを寄せるそのビール、茨城県でつくられたビールかも知れないからなんですよ。なにしろ茨城県はビール生産日本一。だから茨城県でつくられたビールは全国の酒屋さん、居酒屋さん、レストランなどに行き渡り、今宵もビール党に愛飲されているんです。

茨城県はビール生産日本一。信じがたいでしょう。意外にお思いでしょう。

「ビール生産日本一だって? ほんまかいな。野菜だのコメなら納得もするが、ビールまでとはねぇ……」

ほとんどのひとがこういって首をかしげ、いぶかること、確実なんです。

でも、うそやいつわりじゃあございません。事実なんです。これを裏付けるのが、やや古い数字で恐縮ではありますが、07年、茨城県で生産されたビールはざっと45万9千klであったことを示す、国税庁統計年次報告なんですね。

じつは当方も、茨城県がビール生産日本一だったなんて、本書を手掛けるまではまったく知りませんでした。

まぁ、そもそも下戸の当方だから、ビールにかぎらずアルコール飲料はいっさい受け付けないため、そのむきの関心もきわめて低く、知らなくて当然といえば当然なんですがね。

ついでですから、アルコール飲料のほか、当方が好まない食べ物を挙げてみましょう。まずトウガラシを具材にした辛いもの。四つ足系の肉、コーヒー、川魚料理——など。

ならば好物はというと、まず甘いもの。こちらは和洋菓子どちらでもござれ。そば、うどん、そして納豆。

食べ物といえば、当方にはこのような強烈な印象があり、いまでも鮮明な記憶として焼き付いているものがあるんです。

それは1995年4月のことでした。あらまし1カ月ほどモンゴルに取材で滞在。この期間中ほとんど肉食。四つ足系の肉は食べないなんていってらんない。食わなきゃ餓死してしまう。しかたないから食べるもののもうほとんどヘキエキ。

そのようなとき、中国とモンゴルの国境地帯で日本の某大手ゼネコンがODA関連の事業を手掛ける建設現場を取材。そこで出された食事が白い飯にタクアンの漬物、そして焼きノリにみそ汁——これだったんですよ。

どれもがレトルト食品。お湯であったためるだけの簡便なもの。それでも何日かぶりでありついた日本食。あまりのなつかしさに感動と感激に打ちふるえました。

そしてこころの底からしみじみと、こう思いました。

《あぁ……オレはやっぱり日本人。茨城のコメ食ってえがぐなった人間なんだなぁ》

当方は思うんですよ、食習慣ほど保守的なものはないんじゃないかって。この世に生まれてこのかた、コメのめしにおつけ（茨城弁でお吸い物のこと）、たくあんの漬物——。このような食習慣になじんだものが肉食系の食事には容易になじめない。

もっともこれらは当方の個人的体験による感想ですから、そんなことあるものか、という反論もあるでしょうけどね。

ビールの話から横にそれてしまったので、もとに戻します。

ではなぜ茨城県がビール生産日本一なのでしょう。

ここなんですよね、私たちがもっとも知りたいところは。

じつはここにも茨城県のゆたかな自然環境と立地条件のよさが評価されてるんです。茨城県には、守谷市にアサヒビール、取手市にキリンビール、我が国を代表する大手ビール製造メーカー2社が進出してるんですよ。ことにアサヒビール茨城工場は約389㎡、なんと東京ドーム8個がすっぽり入ってしまうという、同社随一の敷地面積を持っているんですね。

これほどの敷地が確保できるのも、平野にめぐまれた茨城県なればこそのものではないでしょうか。このうえさらに、そしてもっとも重要な、豊富な水資源にめぐまれているという点があるんです。

ビールの生成には大ビン1本につき6倍もの水が使われるんだそうですね。となれば大量の水の供給源確保は待ったなし。そこで注目されるのが霞ケ浦ってなわけですねぇ。

霞ケ浦はご家庭の飲み水のほか農業用水、工業用水として供給され、首都圏の重要な水がめになってるんです。

広くて平坦な土地。ゆたかできれいな水。そしてビール工場がある茨城県南部は大消費地の都内から30㎞圏内にあり、交通アクセスも良好。三拍子そろった立地条件のよさが茨城県をビール生産日本一に押し上げているんですね。

ビールの起源はおよそ5千年前、古代オリエントの時代にまでさかのぼり、ひとびとが最初に口にしたアルコール飲料だったというんですね。そのビールが日本に渡ってきたのは江戸時代半ばごろ。江戸っ子が初めて飲んだビール。どんな顔して飲んだんでしょうか。苦い味に閉口した。そんな表情が目に浮かびませんか。

欧米との交流がさかんになるにつれてビールも次第に定着。明治24（1891）年には、アサヒビールの前身である「大阪麦酒会社吹田村醸造所」が我が国での本格的なビール生産をはじめたというんです。

つとめ帰りに居酒屋で飲むビールの、喉ごしの一杯。「ぷふぁーっ」ときて、たまりませんよねえ。

仕事のつかれもストレスも、一杯のビールでたちまち解消。

そのようなビールの多くが茨城県でつくられている。ということは、こころの癒しのみなもとは茨城県にあり、ってことにもなりますよね、お客さん。

納豆〝王国〟茨城バンザーイ

納豆とくれば、こりゃもうだれがなんといおうと茨城県。茨城県をさしおいて納豆を語るなどもってのほか。

なぜかといえばですね、納豆製造メーカー上位5社のうち2社が茨城県内に本社をかまえ、しかもこの2社が我が国納豆市場の3割以上を占めているというのがまず一つ。二つめは、納豆を、現在のように〝国民皆食〟にしたそもそものはじまりは水戸であった、というものです。

ダイエット食品、ナチュラルフーズなどといわれ、いまや納豆は注目のマト。

そのいい証拠が、2007年1月、某民放テレビで放映された「発掘！あるある大事典」で、納豆を食べるとダイエットに効果があると紹介されるや消費者が店頭に殺到。需要に供給が追いつかず、おかげで納豆メーカーは思わぬ需要に嬉しい悲鳴、納豆パニックに遭遇といった珍現象が起こったことです。もっともその後、使われたデータの捏造が発覚し、番組は打ち切りとなったものでしたがね。

食に対する国民の安心安全、健康志向のたかまりから納豆に熱い眼差しがそそがれているのは事実です。一般に名古屋から以西では納豆は好まれないといわれる地域でさえ需要がじわじわと伸びているのがそれを裏付けます。じゃあ、現在我が国ではいったいどのくらいの納豆が生産されてるのか、ということになるんですが、残念なことに正確な数字はないっていうんですね。だからあくまで推量なんですが、全国納豆協同組合連合会の資料によると、納豆用大豆の消費量はおよそ11万トンだから、1パック50g入りとして年間ざっと44億パックが製造されてるのでは、と伝えているんですよ。

これだけの納豆を連合会に加盟、非加盟合わせて六百数十社の納豆メーカーが生産してるわけですが、しかし上位5社が我が国納豆市場の約58%を占めているため、私たちがスーパーなどで購入する納豆は5つのメーカーがほとんどどといえそうです。

そのなかでもとくに茨城県産納豆の購入機会が多いかも知れません。というのは、業界1位のタカノフーズが25・6%、第4位の金砂郷食品が7%、両社合わせて32・6%の市場規模を誇っているからです。

どちらも茨城県内に本社を構えてます。タカノフーズといえばラベルにおかめの商標をつかった、あれがそうなんですけど、同社も1960年代ごろまではバイクでリヤカーを引きながら、地域の小売業者や消費者に販売する程度の零細企業だったんですね。けどその後、大手スーパーに販路を拡大したことで急成長。スーパーのチェーン化に比例して同社も全国展開となっていくんでした。そしていまやタカノフーズは、業界第2位10・8%のシェアを占めるミツカンを大きく引き離して業界トップに君臨。

納豆といえば茨城県というほど納豆は茨城県の代名詞。これを定着させた功労者がタカノフーズとするならば、天狗納豆は、それまで地域限定的なローカルブランドであった納豆をナショナルブランドへと発展させた元祖といってよろしいでしょう。

天狗納豆（水戸市三の丸）の初代笹沼清左衛門さん（安政元［1854］年水戸生まれ）は古文書をめくっていると、江戸に糸引き納豆というものがあるとの一文を目にとめ、とっさにひらめいたそうなんですね。

「これだよこれ。こいつを水戸の名物にして売り出すべぇ」ってな具合にね。

商才にたけたひとっていうのは、当方のように間抜けで機転のきかない凡人とはちがい、特別なインスピレーションの感知能力をお持ちのようですなぁ。

で清左衛門さん、古文書片手に納豆製造に没頭。ところがどうもうまくゆかず、とてもひと様に売れるシロモノじゃない。そこで清左衛門さんは発奮し、宮城県まで納豆修業の旅に出たそうな。

単なる思いつきじゃない。やると決めたらトコトンやりぬく。この愚直さがいかにも水戸っぽらしいところ。ほれぼれしちゃいます。

2年間の修業も無事修了。納豆づくりのノウハウをしっかり身につけた清左衛門さん、よろこびいさんで帰郷。明治20（1887）年、念願の納豆工場を水戸に設立。天狗納豆の創業、大量生産大量販売を目指した本格的納豆製造の開始です。

創業から2年後、水戸と栃木県小山市を結ぶ鉄道が開通。鉄道はヒト、モノ、カネ、情報を瞬時にして大量にもたらしてくれます。

ここでまたしても清左衛門さんの機転はさえわたる。乗客を放っておく手はない。水戸の名物水戸納豆を売り出せばヒットまちがいなし、と。

案の定、清左衛門さんの着眼にくるいなし。水戸の納豆はたちまち乗客の評判となり、レールにのって全国に知れわたり、ついには水戸に名物あり、それは水戸の天狗納豆といわれるまでにひろまるんです。

かくしてタカノフーズと天狗納豆、この2社のたゆまぬ功績によって納豆〝王国〟茨城県は築かれ、現在に至ってます。

もちろん当方も納豆大好き人間。ほとんど毎日欠かしたためしがございません。しかも単に食べるだけじゃない。

当方は仕事がら取材で全国各地に出掛けますが、そのついでにご当地製造の納豆を買いもとめるのを楽しみにしてるんですよ。

もちろん納豆ですから中身は北も南もだいたい同じ。あるとすれば大粒か小粒かの違いぐらい。

あぁ、そうですね。ここでついでに納豆の大粒と小粒の違いをお教えしましょう。とはいっても当方も、食品関連の専門家に教えていただいたもんですがね。

大粒と小粒のちがいは、フルイにかけてより分けると思うとさにあらず。大豆の重量で決めるんだそうです。つまり大豆百粒で8～10g程度を小粒、18～20g程度を大粒と選別しているんですね。

なぜ買うの? 茨城で買っても北海道で買っても中身が同じものを、とお思いでしょう。

当方も、じつはそう思ってるんですよ。なんで妙な趣味にネツを挙げてるのかってね。

でもまぁ、考えてみれば趣味なんてもんはもともと他愛ないもの。現に使えるはずもない古銭や古切手にタイマイはたいて買いもとめる人だっているじゃありませんか、合理的に考えれば正気の沙汰じゃないっていうのに。

だから当方がご当地納豆に夢中になるのも、中身じゃなく、ラベルなんですよ。ラベルを集めるのが目的であり、楽しいからなんです。だいぶ集めましたよ。なにしろ北海道から九州まで、ほとんどまんべんなくですから。ラベルの色、デザイン、社名や住所、そしてキャッチコピー。ためつすがめつながめては、ひとりひそかにおもしろがってるんです、うっふふふ……なんてね。

ところが、この納豆、どうも関西系のひとにはいまひとつ評判がかんばしくないんですよ。

総務省統計局の２００９年版『家計調査年報』によると、１年間に購入する都道府県庁所在地別1世帯当たりの納豆の金額は名古屋市の２８４８円をさかいにそれより以西は軒並み2千円台。最下位の和歌山市などはわずか１６００円なんですからひどいもんですよ。それに比べて東北関東は多いこと多いこと。１位の福島市は７０８９円。和歌山市の、なんと4倍以上も購入してるんですぞ。

ついでなので上位5番まで挙げておきましょう。2位は前橋市で５６２３円、3位は水戸市で５５３０円、4位は盛岡市で５２４０円、5位は山形市で５１０５円――。

このように見ると納豆消費ははっきり東高西低であることがわかります。そのためか、納豆メーカーは、納豆をめぐるこの東西〝冷戦〟構造を突き崩そうとして激しいツバ競り合いを展開してるんですね。まさに納豆版関ヶ原の戦いといったところです。

ネバリの強さとアクの強さ――。

これが信条の納豆。

その納豆、これまでる申し上げてきたところで、茨城を差し置いて語れないということがご理解いただけたかと存じます。

勝手に「茨城三大奇祭」

この際だから当方は、「大同講」「平三坊」「悪態祭」――この三つのお祭りを、勝手に「茨城三大奇祭」と名付けちゃいます。

日本人はほんと、お祭りが大好きです。山や川、海などゆたかな自然にかこまれ、季節のうつりかわりが私たちの感性をはぐくみ、それがお祭り好きにさせたのかもしれません。

茨城県もお祭りが盛んです。漁業県、農業県だけに、たとえば毎年5月、航海の安全や大漁を祈っておこなわれる**北茨城市の「大津のお船祭り」**、あるいは毎年6月夏至の日、**大子町の近津神社**で、菅笠に赤いモンペすがたの早乙女たちが一列に並んで田植えをおこなう「**田植祭**」などなど。

でもこのようなお祭りはだいたいどこの土地にもあり、そう珍しいものではありません。そこへいくと先の三つのお祭りはちがう。どうちがうのか。では「大同講」からご紹介いたしましょう。

▼大同講

お祭りの主役は一対（二体）の男根、これなんです。大同講は大同年間（806-810）に始まったから大同と名がついた、と**桜川市（旧真壁町）羽鳥集落**の人たちはいうんですね。もちろんこれは伝承であり、確証はございません。もっとも民間祭事というのはだいたいがこのようなもの。いつ、だれがということも、どのような経緯ではじまったかも、ほとんど不明。それでいいんですよ。集落の人には学術的な意味付けより、続いていることに意義があるんですから。

大同講は毎年2月の第一土曜日、順番で決まった主催者（当家）の自宅でおこなわれ、当家の奥の間には二体の男根がドーンと鎮座。男根はこの日のために男たちが山から切り出した松でつくられ、太さ約15センチ、高さ約40センチ。まさに巨根。おまけに亀頭部分までくっきりとリアルに彫り込むといった念の入れよう。それぞれの亀頭には「筑波山両皇大神／天地開闢」と墨書きされてるんですよ。

両皇大神とは筑波山の男体山、女体山を指してます。こうくればもう、説明しなくたっておわかりですよね。そうなんですよ、大同講とはズバリ夫婦和合、仲良くセックスにはげみ、子孫をたくさん生み育てなさいってことなんです。

だから大同講ってすごくエロいんです。しかもエロいだけじゃない。今でこそ土曜日の1日だけに短縮されましたが、戦前は1週間ブっつづけ。おまけに期間中は集落のもの全員が当家で三度の食事をとり、自宅では食べないときている。このことから「なべかけず」ともいい、期間の長さと飲め食え歌えのにぎやかさ、派手な散財から「羽島のバカ大同」などと揶揄されもしたんですねぇ。

お祭りの期間中は、見知らぬ旅人でもまろうどとして接待するというおおらかさ。当方も数回饗応に浴したことがありますが、この日のまかないは「大同田」という共同田で収穫したコメを換金して充当してるんですね。ただ、期間も短縮されたうえに内容もかなり簡素化され、かつての濃密さはすっかり失ってしまったようです。かつて当家の主人は、2膳めの飯は超大盛にされ、食べきれなければ「さよ」といって胴上げされる。2日めもうどんが出され、同じく2杯めの大盛うどんを食べ残せばふたたび胴上げされる。これはもう、一種の懲罰、つるし上げですなぁ。

2日めの早朝にはおモチをつきます。そのおモチがまたとても怪しげ。おモチで男根と女陰をつくり、みんなで分け合って食べたっていうんです。おそらくそこでは卑猥な言葉も飛び出せば、エッチな妄想にふける者もいたでしょう。

でも、そこがいいんです。おおらかで、猥雑で……性にタブーがないところが。

お祭りが滞りなく終わると男根をみこしのように担ぎ、「大同」がなまって「わいどーわいどー」と掛け声をかけ、太鼓を打ち鳴らしながら次の順番にあたる当家にかつぎ込み、「お当渡しの」儀式がおこなわれて無事終了。

送られた二体の男根はその後、つぎの順番にあたる家の門口に、朽ちるまでおかれるんですね。家の入り口に巨根がニョッキリと置かれているのにニヤニヤした経験、当方にもありましたっけ。

▼平三坊

「平三坊」――こちらもすご過ぎ。大同講よりもっとエロくて、超過激。映画だったらたちまち映倫に引っ掛かり、ずたずたにカット、間違いなし。

どう過激かって？　ほらほら、もぅ身を乗り出したりしちゃって。まぁ、あわてなさんなって。「平三坊」も生殖信仰にもとづいた神事なんです。毎年5月5日になると**かすみが浦市（旧出島村）牛渡の鹿島神社**境内に平三坊という名の、奇妙なかっこうをした男がひょこひょこと現われるんですよ。

なにが奇妙かっていうと、葉をしげらせた木の枝を詰め込んだ竹のカゴを背負い、顔面は炭を塗りつけてまっ黒。おまけに、あろうことか、股間にはキリリっと勃起した木製のイチモツがゆっさゆっさと……。

あられもない平三坊さん。それを見た観客はおもわず爆笑。平三坊さんが境内のなかほどに現われると、今度はおかめのお面をかぶった襦袢姿で、おなかを大きくはらませた女性が鳥居の陰から現われ、「ホーイホーイ」と声をかけ、平三坊さんを手招きするんです。このとき女性は頭のうえに飯台を乗せてるんですね。顔が黒いのは、田の作業でどろまみれを思わせ、おなかが大きいのは妊娠していることを暗示。飯台はちょうど昼食どきを物語ってます。

やがてふたりは手を取り合って鳥居の陰に消えるんですが、鳥居の陰で昼食をとりながら平三坊と女房はまたもやひとしきりエッチする。ただし残念ながらこの場面はカット。

エッチの場面は非公開ですけど、これにかわって今度は神社の拝殿のなかから、ふたりの早乙女が神官に手を取られてしずしずと現われるんですね。まさに妊娠したさきほどの女性が無事に出産し、うるわしい少女が誕生したことを想起させます。

セレモニーのあらましはこのようなものですが、平三坊役も女房役も演じるのは男性。そのため見せる所作もユーモラスでじつにエロチック。観客の、ドッとはじける爆笑に演技はますますエキサイティングするんです。その証拠が平三坊さん、若いカップルや女性を見つけるとすぅーと接近し、くだんのイチモツをぐいっとつかんで女性のからだに圧し当て、エッチのしぐさをしてみせるんですよ。

こんなまね、街のなかでやったらワイセツ行為でたちまち御用もんでしょう。でも「平三坊」は厳粛な神事。ワイセツだのチカンだのなんて、そんな野暮なことはいわない。むしろ子宝にめぐまれる、あるいは夫婦円満縁結びなどといって、身をくねらせながらも平三坊のいやらしいしぐさを受け入れてるんです。じつにほほえましいじゃありませんか。これもほんと、神様のご加護ってものです。

「大同講」も「平三坊」も農耕祭事のひとつです。水田や畑を耕してタネをまき、肥料を与え、やがて芽が出て実をつけ、収穫のときがやってくる。この作業はあたかも性行為そのもの。つまりエッチしてまいたタネはやがて芽を出し（妊娠）実をつけ、収穫（出産）のときをむかえるってことなんです。

▼悪態祭り

これに比べて「悪態祭り」にはまったくエロさがありません。そのかわり日ごろ抱いてる不平不満をあらんかぎりの罵詈雑言で発し、だれはばかることなく悪態のかぎりをブチまけてよい、といったお祭りなんですよ。このような理由から「大同講」「平三坊」「悪態祭」――当方はこの3つを、勝手に「茨城三大奇祭」としたんです。

では、「悪態祭り」とはどのようなものなんでしょう。旧暦11月14日、**笠間市（旧岩間町）の愛宕山飯綱神社**で催される、女人禁制のお祭りなんです。

飯綱神社には、ひとりの大天狗のもとに12人の小天狗と多数のからす天狗が住んでいると、愛宕山に連れ去られてきびしい天狗の修行をした江戸の町人寅吉が、国学者平田篤胤に体験を語るなかで伝えてるんですねぇ。

このはなしにちなみ、13人の天狗に選ばれた地元集落の男たちは、祭りが始まる1週間前から自宅を離れて行屋にこもり、潔斎沐浴の禁欲生活に入るんですよ。

そして旧暦11月14日、いよいよ満願の日がやってきました。あたりにうす闇がせまるころ、13人の男たちは井戸水を浴びて身を清め、黒烏帽子に白覆面、白装束で身支度をととのえて天狗に扮します。夜は一段と深まり、午前3時。山頂から「火しめし」の合図である太鼓の音がとどろくと13

人の天狗は行屋を出発。沿道を埋めた参拝客のざわめきもピタッととまり、囲んでいたたき火も消されて全山沈黙と漆黒の闇につつまれ、不気味な雰囲気がただよいます。

闇のなかを白装束姿の一団が山頂を目指します。山頂には愛宕山の主神であり、天狗界の重鎮である飯綱権現が鎮座してます。大天狗に扮した男性の右手には供物を入れた「げばこ」が抱えられ、後続の小天狗はそれぞれ青竹を携えてます。この青竹、標高３０２メートルの山頂にたどりつくころにはバラバラに割れて、ササラのようになってるんですね。わけはおいおい話します。

行屋を出発した13人の天狗たちは山頂までの道中、路傍の神々におもちなどの供物をささげ、祝詞をとなえるんですが、このときですよ、小天狗たちがなぜ青竹を持ってるのか、わかるのは。

祝詞が終わるやいなや沿道の参拝客が供物を奪うため一斉に群がる。供物を奪ったものには幸運が訪れると伝えられてるんですね。ところが小天狗たちは供物を奪われてなるものかとばかりに青竹で地面や岩を激しく叩いて追い払う。もちろん観客も負けてません。悪態を吹いて楯突くんです、「天狗の大ばかやろー」「おめーら、くだばっちめぇー」「天狗の、ごじゃっぺやろー」「天狗の、のーなしやろー」……なんて、もう言いたい放題。

つぎの神様のときも同じ。供物をねらって群がる参拝客と青竹で打ち払う小天狗との激しい罵り合いが演じられるんです。

壮絶で荒々しい罵声を互いに浴びせながら13人の天狗たちは山頂へと向かうわけですが、飯綱権現を納める奥の院にたどりつくころには夜もしらじらと明け、そろそろ悪態祭りが終わりにちかいことを告げます。

ついでにいえば、13の天狗のなかに、当方が住む旧八郷町の長楽寺という小刹の小坊主が仲間入りした、と前出の寅吉少年は語ってるんですね。愛宕山の山頂には飯綱権現を中心に13人の天狗塚が建っています。

ところで悪態祭りは女人禁制。祭りに女性は参加できません。いまどき女人禁制の行事があることも奇祭というにふさわしいでしょう。これを女性蔑視、差別という声もなくはなさそうですが、これって、どんなもんでしょうかねぇ。それというのは、女人講や子安講などは女性が仕切り、男性は一切シャットアウト。女性だけのお祭りだってちゃんとあるんですから。

ともあれ、当方が勝手に決めた「茨城三大奇祭」、いかがだったでしょうか。このインパクトと面白さ、「逆襲」のネタとして思わず自慢したくなった次第です。

〝日本三大名園〟偕楽園は庶民のいこいの場

よく知られていることですが、水戸市の偕楽園は石川県金沢市の兼六園、岡山県岡山市の後楽園などとともに日本三大名園と称されているんですね。だからこちらは先に挙げた奇祭のような私的〝三大〟ではない、社会的に認知された、れっきとした〝三大〟なんです。

ではなぜこれらの庭園が三大名園といわれるようになったのかという疑問がわいてきますよね。だってほかにも名園といわれるところはあるんですから、たとえば六義園とか浜離宮とか。それにもかかわらず三大に選ばれたのはこのような理由でした。

大正9(1920)年に文部省発行の高等小学校読本巻一で、「我が国にて風致の美を以て世に聞こえたるは水戸の偕楽園、金沢の兼六園、岡山の後楽園にして之を日本三公園と称す」。

これが根拠だったんですね。三大庭園あるいは大名庭園といわれるだけあって、どの庭園も趣向と工夫をこらし、独特の景観美を醸し出してます。

池や築山を築き、季節の花々や樹木を植えた池泉回廊式といわれる庭園美をめでながらお殿様は若い腰元をはべらせ、今日は茶会、あすは歌舞音曲とあそびたわむれ、時には他藩のお殿様を招待して宴会をもよおす、とまぁ、このような光景を想像しちゃうんです、当方などは。

三大庭園のなかでもっとも歴史があるのが兼六園。加賀五代藩主前田綱紀さんが延宝4（1676）年に「蓮池亭」を築いたのをはじまりに、十三代藩主斎泰さんまで造園工事が続いたというからみごとなもんです。

つぎに古いのが後楽園。こちらも貞享4（1687）年に造園工事がはじまり、元禄13（1700）年、じつに13年もの歳月を費やして、ようやく完成したというんですね。

もっとも歴史が浅いのが偕楽園。水戸九代藩主徳川斉昭さんの提唱で天保13（1842）年7月に着工。翌年には早くも開園というスピード工事なんです。工期の短さは経費削減ということもあったでしょう。なにしろ当時は天保改革の断行もあり、水戸藩の財政は火の車でしたからね。

大名庭園といわれるように、兼六園や後楽園は城内に築かれ、楽しめるのはひとにぎりの上流階級だけ。そこへいくと偕楽園はちがいます。そもそも偕楽園という名称からして前者とは一線を画してるんです。つまり偕は「とも」に楽しむという意味があり、武士もそうでないものも、大人も子どもも、男性も女性も、老いも若きもこぞって楽しむ憩いの場としたんですね。そのため毎月3と8のつく日は庶民にも開放され、庭園はにぎわったといいます。

改革派藩主斉昭さんの面目はこんなところにもありますが、斉昭さんの精神は21世紀のいまもちゃんと引き継がれているんですね。というのは、日本三大庭園といわれながら偕楽園は入園料をまったくとらない、タダなんですよ。兼六園や後楽園はちゃんと徴収してるのにね。ただし、のちほどお話しする好文亭に入る場合は有料です。

13ヘクタールの敷地をもつ偕楽園には約100種類、約3000本の梅が植えられ、梅林となってます。毎年2月下旬から1カ月間ほど梅まつりが催されます。このほか5月にはつつじ祭り、9月には萩まつりが開かれるんです。

じつは偕楽園が日本三大庭園と称されるもうひとつの理由に、この花があったんですね。日本人の美意識をあらわす言葉に「雪月花」があります。そこでひとびとは雪なら兼六園、月なら後楽園、花なら偕楽園――このようにたとえたというんです。

紅梅に白梅、そして馥郁《ふくいく》としたかおりを全身にあびながら梅林をぬけると眼下に千波湖が見えてきます。高台からの眺望はすこぶる爽快です。庭園をさらにすすむとやがて好文亭が見えてきます。好文亭は休憩所としてつくられたものですが、質素な外観はいかにも質実剛健な水戸っぽらしいといわれてるんですねぇ。

3階の楽寿楼からのながめもまた格別。ところで好文亭にはエレベーターがあるってこと、ご存じでした？

エレベーターとは、モノを垂直に運搬するあれです。それが江戸時代には早くもあったんですね

上　偕楽園七分咲きの梅
下　好文亭内から早春の景色

え、好文亭には。ただし好文亭のエレベーターは人を乗せるものではなく、モノをはこぶものでした。

水戸のお殿様が料理に舌づつみを打ちながら楽寿楼から眺望を楽しむのに滑車をとりつけ、1階から3階に料理を上げ下げする、という仕掛けでした。

うたげの酒や肴をはこぶために滑車をつかう。今なら「なーんだ、そーたごどげぇー。ちっともめずらしかぁあんめよ」ってなぐあいに、一笑にふしてしまいます。けど、あらゆるものを手と足で動かしていた江戸時代に、このような着想を思いつくところにも、斉昭さんらしい独特のキャラクターを思うんですよ、当方などは。

というわけで、この章では茨城が全国に誇るもののほんの一部を紹介してみました。もちろん、これだけでおしまいではありません。「逆襲」はまだまだ続きます。

第3章

茨城ことはじめで逆襲

うな丼は茨城が発祥地

こんなことを言おうものならまるでこちらを犯罪者あつかいするように、疑いの、するどいマナコを一斉に向けてくるんですよ。「あの……うな丼って、そもそも茨城県が発祥地なんですよ。ひょっとしたはずみで生まれた、ほとんど偶然の産物だったんですが、うな丼のことはじめっていえば、茨城だったたんですよねぇ」

うまい食べ物の発祥地といえばだいたい京都、大阪、あるいは東京を思い浮かべます。どちらも早くから都市化がすすみ、各地の山海珍味が集まる場所だったのでひとびとの舌は自然と肥え、グルメも発達したもんです。だから、高級グルメのうな丼の発祥地がなんで茨城県なんだ。納豆だのサツマイモというんなら、「うぅーん、そうだ」、と納得できるが、言うにこと欠いてうな丼とは怪しからん、許せん!

とまぁ、こう言いたくなるのもごもっとも。当方だって、じつはそう思ってるぐらいなんですから。

でも、ウソじゃない、本当のことなんですよ、うな丼のふるさとは茨城県だったっていうのは。

じゃあ証拠を出せ、証拠を、ですって?

やっぱりきましたね。そうくるんじゃないかと思ってましたからちゃんと用意しておきましたよ。

江戸時代半ばごろの話なんですが、現在の茨城県常陸太田市出身の大久保今助さん、この方が江戸から故郷の村に帰る途中、牛久沼で渡し舟を待ってたんです。

旅をするには日柄もよく、腹もへった。そこで今助さん、茶店のあるじにうなぎのかば焼きとめしを注文。ほどなくして両方が運ばれ、いましもハシをつけようかというところに

「船が出るゾーっ」

と、船頭の声。

あわてた今助さん、めしを食うどころではなくなった。どんぶりめしの上にうなぎのかば焼きをのせて船に飛び乗るありさま。

ところが結果的にはこれがよかった。どうしてかっていうと、渡し舟が対岸に到着したので今助さん、ようやく落ち着いた気分でどんぶりめしにハシをつけたところ、これがじつに美味。思わず一気にかっ込んだっていうんですよ。

めしのあたたかさでうなぎのかば焼きは蒸れてやわらかくなり、かば焼きのタレがめしにほどよくしみこみ、かぐわしい香りをはなっていい味加減ってな具合に。

これを今助さん、うな丼と名付け、江戸に戻って売り出したところグルメ好きの江戸っ子にたちまち評判。売れに売れてうれしい悲鳴――っていうじゃないですか。

そんなわけで、うな丼は意図してできたもんじゃなく、渡し舟にせかされてできた、いわば偶然の産物だったんですね。

そのため渡し舟がもうすこし遅れて出発していたらうな丼が世に生まれることはなく、私たちは永遠に、うまいうな丼の味を知らないままますごしていたに違いありません。

してみると、感謝すべきは今助さんよりむしろ船頭さんというべきかも、ね。船頭さん、おいしいうな丼、ありがとう。

牛久沼といえば、このような話があるので、ついでにお伝えしておくのもいいでしょう。

食事をしたあとすぐに寝ると、「こらっ、牛になるぞー」、なんて、父親に大目玉をくらった経験、ありませんか。当方などは悪ガキだったせいか、しょっちゅうでしたよ。そのたんび、「てっへへへ……」なんて笑ってごまかしてましたがね。

もちろん横になったからって牛になるわけではなく、行儀の悪さをたしなめるたとえに使ったにすぎないんです。けれどこのたとえ、牛久沼と大いに関係してるんですよ。

あるお寺の修行僧、食後かならず自室にこもって寝るくせがあったんです。そのため師匠はこの悪い癖を直さなければ、っていうんで弟子の部屋をがらりとあけた。

途端にびっくり仰天。師匠は思わずその場にへたりこんでしまった。そりゃあそうでしょう、師匠がそこで見たものは、なんと牛の姿だったっていうんですもの。

自分の正体を見破られてしまったお弟子さん、これ以上寺にはいられないってんで牛久沼に逃げ込み、水の底に身を沈めてしまったんです。

とまぁ、悲しい話なんですが、食事のあと、すぐ横になるのはみっともないってことから、牛久沼の伝説を引き合いに出して、「こらっ」と父親は、親ごころからカミナリを落としたんじゃないか、人の親になってみて、そう気づいたんですよ、当方は。

牛久沼は国道6号線を牛久市内から東京方面に向かって右手にあり、湖畔には、うな丼を食べさせてくれるレストランが並んでいます。いまではどこでも食べられ、めずらしくないうな丼ですけれど、うな丼の発祥地で食べてみるのもまた格別。話のタネにもなるってもんですから、お通りのさいはぜひ寄ってやってくださいな。

みんな大好きあんパンことはじめ

自慢じゃありませんが、当方、甘いものときたひにゃ、めっぽう目がないんです。朝っぱらからでも、あんこたっぷり、ふっくらまんじゅうの大福、いけちゃうんですね、いくらでも。

お酒やたばこのたしなみがないかわり、大の甘党、あんこ大好き人間なんですよ。だもんだから、あんパンときいただけでもうシアワセ気分。ほっぺたはゆるゆる、目じりはさがりっぱなし。なんともしまらない顔になっちゃうんです。

とはいっても当方の甘いもの好きはべつに、あんパンが茨城の人によってはじめて世の中に登場し、和製パンの代名詞にまでなったということとはぜーんぜん関係ないんですけどね。

もっとも気にはなりますよ、ガブッとまるかじりするたんび、あっ、このあんパン、茨城県で生まれた、商売熱心なオッサンが苦心惨憺したあげく、ようやくつくり上げたんだ、ってな具合にね。

パンは海外から伝来した輸入食。なにをいまさら、そんなことだれだって知ってるわいというでしょう。だったらこれはご存じですか。あんパンを日本で最初に製造し、売り出したのは茨城県出身のオッサンだったというのは。

お、その表情、「またまた変なことをいって……」、と言いたげですね。

でもこれってうそじゃありません。本当なんですよ。

オッサンの名前は木村安兵衛さん。江戸時代の文化14(1817)年に、現在の茨城県龍ヶ崎市で産声をあげ、結婚後江戸に出て紀州和歌山藩の家臣となるんですが、やがて時代は明治となり、もはや二本差しの時代じゃない。武士といえども自分で生活のカテを見つけなければ生きてゆけません。

「時代は変わった。やるなら新しい商売にかぎる」

文明開化のいぶきを肌で感じていた安兵衛さん、そこで見つけたのがパンの製造だったんです。オランダ屋敷のパン職人だった日本人男性と共同で芝日陰町に「文英堂」という名のベーカリーを創業。明治2(1869)年のことでした。

けどこのパン。西洋流のパンだったもんだから固くて固くて日本人の好みには合わない。新しいものにはすぐに飛びつく江戸っ子なら、時代のブームに乗ってパンも売れることまちがいなし。こう期待した安兵衛さんだったが、結果はじつに惨憺たるもの。パンは売れず、赤字続き。おまけに火事が追い打ちを加え、店舗は焼失。もう踏んだり蹴ったりってなもんです。だいたいならここでへこたれてしまうもんですが、どっこい安兵衛さん、そんなヤワじゃーない。なおも踏ん張って銀座に進出して再出発。店の名前も「木村屋」と改めました。そうです。これこそがいまに続く、かの有名な銀座木村屋總本店の誕生なんです。

日本人好みの、やわらかくてあま～い、ふっくらとした、おまんじゅうのようなパン。安兵衛さんの、新しいパンづくりの研究は衰えるどころかますますさかん。こうなるとある種の神がかり、執念ですなぁ。

研究を重ねるなかで安兵衛さんが着目したのは酒まんじゅうでした。

パンの酵母菌では固いパンしかできない。でも日本酒の酵母菌ならふっくらとしたものができる。それが酒まんじゅう。この違いを発見した安兵衛さん、日本酒の酵母菌を使い、パンにあんこをくるんで焼き上げてみた。ねらい通り、ふっくらしたあんパンがみごとに誕生しました。明治7年のことでした。このとき安兵衛さん57歳。だからオッサンといったんですが、木村屋のあんパンはたちまち東京中の評判となり、木村屋といえばあんパン――こう言われるまでに発展するんですねぇ。

ひたすらモノづくりに邁進する明治人のひたむきさには、じつに敬服します。

さらに翌年の4月、銀座で売り出したあんパンを、もと幕府の家臣であった山岡鉄舟さんの紹介で安兵衛さん、明治天皇に献上なさったんです。

このとき安兵衛さん、またまたひと工夫をしてみました。あんパンの表面にくぼみをつけ、そこに塩漬けした八重桜の花びらを添えるというものです。

食べてみるところがまことにグー。あんこの甘さと八重桜の塩味がお口のなかでほどよくとけ合い、なんとも言えないおいしさ。

明治天皇も、木村屋のあんパンのこれまたとりこになり、ことあるたびにあんパンを所望したっていうんですから、人の運とは、どこでどう開くか、わからないもんですねぇ。これ以来、木村屋のあんパンは皇室ご用達となるわけですが、丸っこいあんパンの表面まん中にくぼみをつけ、塩漬けにしたサクラの花びらをのせたところに木村屋の特徴があるんですよ。そんなことからこのあんパンをひとびとは〝へそパン〟なんて、呼んだそうです。

あま〜いあんこがたっぷりつまったへそパン。ユーモラスなネーミングにあんこのはいったパン――。

この和洋折衷が庶民の生活感覚にピッタリ。売れに売れて木村屋のあんパンは和製パンの代名詞となって全国に知れわたるんです。

じっさい、明治の歌人正岡子規さん、この方は34歳、人生これからという年齢で惜しくもお亡くなりになるんですが、いまわのきわにたってさえあんパンをこよなく愛し、なんと7、8個もペロッとたいらげたっていうじゃないですか。

正岡さんが食べたのはおそらく木村屋のあんパンだったでしょうが、それにしてもよほどあんパンにとりつかれてたんですね、正岡さんって。

銀座木村屋の評判をきいて弟子入りするパン職人がぞくぞくとやってくる。明治30（1897）年にはのれん分けした店が東京だけでも28店に達したっていうんですから、たいした繁盛ぶり。日本人に好かれるパンづくりに四苦八苦していた不遇な時代を思えばねぇ。

あんパンといえばいまや菓子パンの代表格。まん丸なかたちに黒ごまの実をパラパラっとまぶしたところがなんとも愛らしく、ガブッとやるにはためらいがあったりして……ね。そんなあんパンのことはじめというと、茨城県で生まれた木村安兵衛さんがそうなんですから、彼こそ和製パンの元祖といってもいいいんですよね。

日本茶輸出ことはじめ

茨城県って、「へぇ……」「ほほぅ……」と思わせる、そんな意外な側面がけっこう多いところなんです。日本茶の商業的栽培地の北限といわれているのもそのひとつ。

たしかに県内には**大子町の奥久慈茶**、**旧岩井市の猿島茶**といった茶どころがあるんです。とはいっても日本の茶どころといえばすぐさま静岡県ときますよね。つづいて京都、鹿児島県あたりが浮かびます。なのに日本茶の輸出第一号、ことはじめとなると、これがじつは茨城県の猿島茶であったっていうから、どうです、意外でしょう。

時は安政年間にさかのぼります。ちょうど幕末のころでした。日本中が尊王攘夷とやらでスッタモンダの大さわぎ。ところが茨城県の猿島地方の豪農の子として産まれた中山元成さん、そんなさわぎを尻目に猿島茶の販路拡大に余念がない。あきんどは、こうでなくちゃいけません。

おりも折、黒い煙をたなびかせながら、鉄製の、黒い船団をひきつれた米国のペリー提督が江戸湾に上陸し、開国と貿易の自由化を幕府に要求。

これにうろたえてしまった幕府のおエライさんはあれこれ協議をかさねた結果、ペルーの要求を丸のみ。伊豆下田に米国領事館を設けてハリスさんが赴任。

鎖国から開国。海外との貿易に門戸を開いた日本。商才に長け、抜け目のない元成さん、これぞビジネスチャンスととらえ、下田の滞在先にハリスさんを訪問して猿島茶の売り込みをはじめるんです。

元成さんは商業のさかんな大坂や貿易でにぎわう長崎をおとずれ、日本の発展には海外との貿易は欠かせないってことを痛感させられたそうなんですね。こう思うところが、当方のような凡人とは違う、元成さんらしいところ。

ハリスさんに対する猛烈な売り込み戦術が功を奏した元成さん、かくして猿島茶のアメリカ輸出にみごと成功。さっそく元成さん、江戸に茶の問屋をかまえて故郷の猿島茶をどしどし運びこませ、米国のポール商社を通じてアメリカ大陸に送り込んだんです、日本茶を。安政６（１８５９）年のことだったそうです。

これを契機に日本茶は生糸とならんで我が国の主要輸出品として欧米各国にどんどん輸出されてゆくわけですが、静岡や京都といったブランドものじゃない、ほとんど無名といってよい茨城県の猿島茶が、商売熱心で、先見の明にたけたひとりのビジネスマンによって日本茶輸出第一号をかざり、日本の味覚を世界にまでひろめる——。

こういうところが、じつに痛快でいいんですよね。

いまでこそ寿司にてんぷら、刺し身にすき焼き……、日本の味覚は世界のひとびとに愛され、親しまれ、すっかりグローバル化してますが、ことは江戸時代、外国との交流はようやく緒についたばかりのなかで、猿島茶が米国人の食卓をにぎわし、

「オォー、ベリーグッド、ジャパニーズティ」

とかなんとか言われ、称賛をあびる。そんな場面を想像してみると、おそらく元成さんもしてやったりとばかりに、ひとりニンマリとほくそ笑んだにちがいありますまい。

いまではさまざまな飲み物が出回り、むしろ選ぶのにひと苦労するほど。とはいっても、お茶ほどいろいろなものになじむ飲み物もありません。

おせんべいとくればお茶。これがコーヒーでは完全にミスマッチ。和菓子にコーヒー、これもいただけません。たくあんこうこにコーヒー。これじゃーまるで月にスッポン。やっぱり日本茶にかぎります。

日本茶は、わたしたちの食生活に深くとけこみ、もはや切っても切れません。

と、いったところでなにやら一服、当方も、熱くて渋めのお茶をちょうだいしたくなりました。

ワイナリーことはじめは牛久から

当方は、アルコール類はからっきしだめなので、お酒についてはてんでうといんですが、それでもワイン、最近なかなかの人気っていうぐらいは知ってます。

毎年秋ともなると、フランス産ワインが我が国にどっと輸入され、赤だの白だのと、じつにかまびすしいですからね。

そのためワインが出回る時期ともなると、げんきなOLさんたちがワイングラスをグイグイかたむける場面がテレビに大きく映し出されるのを、よく見かけます。

まぁ、そうした光景を見るたびに当方などは圧倒され、じっさいそうした場面に出くわしたなら早々と退散——そんな思いにかられるわけですが。日本でも、国内産のいいワインがありますよね。北海道の十勝ワイン、山梨県の勝沼ワイン——。

そのワイン、近代的な醸造工場を設立し、本格的なワイナリーとして国産ワインの生産に乗り出したのは茨城県牛久市のシャトーカミヤだってこと、ワイン通なら、いまや常識ですよね。

日本のワイナリーことはじめは牛久から——。

ワイン醸造に着目したのが、浅草は雷門のすぐ近くにある、かの有名な神谷バーの創業者、神谷伝兵衛さんだったんです。

伝兵衛さんは大変な苦労人でした。

まぁ、明治の経済界、産業界で一家をなしたひとたちというのはほとんど徒手空拳、ゼロからのスタートでしたから苦労人が多かったようですね。それだけに土性っ骨は強く、コセコセしてない。腰がすわってましたよ、なにごとにも。神谷伝兵衛さんもそのようなひとでした。

伝兵衛さんは安政3(1856)年2月、農民の六男として現在の愛知県で生まれました。父親は庄屋をつとめたぐらいだから豪農で人望もあったようです。ところがなかなかの趣味人で、道楽ものだったそうですからたちまち家計はかたむき、伝兵衛さん、8歳で酒樽職人に弟子入り。11歳で、姉の嫁ぎさきである商家に丁稚奉公。木綿や雑貨類の行商をはじめたそうな。

伝兵衛さんの転職はまだまだつづき、つぎに飛び込んだのが、フランス人が横浜で経営する酒類醸造会社フレッレ商社。

伝兵衛さんにとって、ここに入社したのが大きな転機になったみたいです。

それっていうのは、フレッレ商社でワインに関する知識を修得し、さらに、フレッレ商社から麻布にあった酒類販売会社に転職し、販売のノウハウを身につけ、つくる知識と売る知識をしっかり獲得したからなんです。

知識といっしょに財産もたんまりたくわえました。そしてこれを元手に、浅草雷門の前に「みかはや銘酒店」という名の一杯飲み屋を開店し、独り立ちするんです。明治13（1880）年4月のことでした。

これがいまにつづく神谷バーのはじまりなんです。そこで売り出したのが、輸入ワインに蜂蜜を加えた、日本人好みの甘口ワインだったんです。

ストレートではブドウの酸味やしぶ味が強く、とても当時の日本人の口には合いません。そこで伝兵衛さん、だったらどうすれば日本人に飲んでもらえるか、あれこれ苦心。ようやくたどりついたのが、ワインに甘い蜂蜜を加え、ソフトな口あたりにしたワイン、これでした。

伝兵衛さんのこの独創的なひらめき、まさにドンピシャリ。蜂蜜入りワインはたちまち評判。蜂印ブドウ酒という名称で売れに売れまくり、国内はもとより海外にまで輸出されるほどの好評ぶり。

蜂印ブドウ酒につづく第二弾、「蜂印《はちじるし》香竄《こうざん》葡萄《ぶどう》酒《しゅ》」、こちらも大ヒット。

店は連日満員御礼の札、いや、そこまではなかったでしょうが、とにかく「みかはや銘酒店」はもうひとつ、浅草の名物となって人気ふっとう。明治45（1912）年4月、店内を洋風に大幅改装したのを機会に「神谷バー」と名称も改めて再スタートを切るんです。

甘口ワインでしこたまもうけた伝兵衛さんの野心、さらに本格的なワイン醸造場の設立へと向かわせるんです。

単なる一杯飲み屋のオヤジで満足しない。もっと高みへ、よりビッグなものへ——。このあたりが明治人気質というんでしょうかねぇ。『坂の上の雲』を目指して切磋琢磨する。

そこで伝兵衛さん、養女にムコを娶り、ムコの伝蔵さんをフランスに派遣してワイン醸造の最新技術を学ばせる。まさしく和魂洋才ですなぁ。

2年間の渡仏をおえた伝蔵さん、本場のワイン醸造技術を持ち帰るとともにフランスからブドウの苗木6千本を輸入し、この時のために茨城県牛久に購入しておいた160ヘクタールの土地に苗木を植え、「神谷葡萄園」を開園。

つづいて明治36（1903）年9月にはブドウ園のちかくにワイン醸造所が竣工。本格的な国産ワインの生産が始まります。

牛久で醸造されたワインは全国に出回り、ひとびとに愛飲されるんですが、反面、ワインといえば甘口のそれ、と理解されていたため、まじりっけなしの、本物のワインがなかなか普及しなかったともいわれます。

大正11（1922）年4月、神谷伝兵衛さんは66歳で亡くなりましたが、彼の業績を讃える記念碑がシャトーカミヤの一角にあり、さらにまた２００８年6月には、レンガ造りの旧事務所、発酵室、貯蔵庫の３棟が国の重要文化財に指定されました。

先駆的なかずかずの偉業にいっそうの評価が加えられ、さだめし伝兵衛さん、好きなワインのグラスをかたむけながら、草葉の陰でにんまりしてるんじゃないでしょうか。

第４章 茨城のＢ級路線で逆襲

「ねばり丼」でねばる茨城

これまでもたびたび申し上げてきましたが、茨城県といえば納豆ときますよねぇ、なんだかんだといったって。

そこで県内の納豆業者のみなさんは、地場産業のさらなる消費拡大を呼び込むため、水戸市内の料理学校と連携し、新しい商品開発に取り組みました。

色やかたち、それに味にしても納豆は、いろどりのある、華やいだごちそうとはいえません。それだけに納豆の食べ方やレシピはどうしても限定的。現に納豆好きな当方にしてさえ思いつくのは納豆汁に納豆巻、これぐらい。

そこで業界は知恵と工夫をこらしながら、ついに新商品誕生にこぎつけました。「ねばり丼」です。納豆といえばねばりが持ち味。この持ち味を前面に打ち出し、強調したニューフェイス。ずばりネーミングも「ねばり丼」。これでどんピシャリ、決定です。

じつは、ねばり丼が生まれる背景には２００４年10月１日からＮＨＫ県域デジタル放送が開局するにあたって放映された記念番組の「ねばる女」というものがあったんですね。ねばる女は毎週月曜日の午後９時15分からはじまり、５回放映されたんですが、飯島直子さんが演じる水沢葉月という名のヒロインは故郷の水戸を離れて17年。都内のマンションに夫と５歳の息子と暮らし、家具デザイナーとして仕事も家庭も順調。

ところが水戸で納豆製造会社を営む兄の急死で葉月さんの人生は一気に暗転。故郷に帰って納豆屋のノレンを継ぐか、それともデザイナーとしてこのまま東京にとどまるか——。まさに人生の岐路、運命の分かれ道に立たされるんですなぁ。だから悩みます、もがきます、もだえます。

しかしそこがテレビドラマ。そのまま都内にいてもらってはストーリーが成り立ちません。そこで葉月さん、あたかも清水寺の舞台から飛び降りる思いでエイッヤッー、と決断。フィクションとはいえよくできてるんです。

一度は離れた故郷の水戸にもどり、父親とぶつかり合いながらも納豆屋の若女将として家業を継ぐんです。けなげにも、葉月さんは。デザイナーというトレンディーな職業から、独特の臭いを発する納豆屋の女将さん。この落差に戸惑いながらも孤軍奮闘する葉月さんのすがたを飯島直子さんは好演されましたが、ドラマの落ちは〝ねばり強さ〟——これでした。

テレビドラマの放映に合わせてねばり丼は誕生したんです。

ねばり丼とは、ならばどのようなものか。もちろん百聞は一見に如かずといいますように、聞くよりじっさいお食べになるのが理解は早いんですが、ざっと説明いたしましょう。どんぶりに盛り上げた白いご飯のうえにメインの納豆、オクラ、ナメコタケ、メカブ……つまりネバリ系の具材をこってり盛り付けて特製のタレをふりかけ、箸でぐるぐるっとかきまぜながらズルズルっと掻っこむ。

まぁ、こんなあんばいの丼なんですよ。

お口の中はたちまちヌルヌル、ベタベタ、ネバネバ……。

ところがこのねばり丼、決まったかたちはありません。たとえばカツ丼ならトンカツにたまごとじ、親子丼なら鶏肉にたまごとじ、鰻丼ならうなぎのかば焼きにタレというように、決まったかたちがありますよね。けどねばり丼にかぎってはそれがない。ないから、メインの納豆さえ欠かさなければあとはそれぞれのお店がそれぞれねばり系食材をえらび、オリジナルのねばり丼をお客さんに、となるんです。

ねばり丼は水戸を中心に20軒ほどの飲食店が提供しています。店員さんに「これを」、とオーダーしますと、定員さんは明るく、はずんだ声で、

「ねばり一丁、おねがいしま～す」

と声をかけ、これを受けてカウンターの向こう側からも、

「あらよー、ねばり一丁～ぅ」

と、こだまのように返ってくる。

じつに小気味いいじゃありませんか、ねばりーと呼べば、ねばりーと返ってくる、このひびきが。

それにしても、ねばり丼、ネーミングにしてからがそのものズバリ、ストレートすぎやしませんか。

これだけではありません。しかもおまけにねばり系具材がてんこ盛り。ここには色気もしゃれっ気もまるでなし。おせじにもグルメなんていえません。

まぁ、だからB級というんでしょうけどね。ブランド力全国最下位の茨城県が考えたものって、やっぱりこんなもんなんでしょうか。

だったら、まずはわたしたち茨城県民がこぞってこのねばり丼を食べて元気もりもりパワーアップし、ねばる茨城の底ぢからをいまこそ発揮、といこうじゃありませんか。

茨城空港はわれらB級路線の切り札

茨城空港へようこそ。

2010年3月、国内98番目の茨城空港が開港いたしました。

2007年に2700メートルの新滑走路の工事着工以来、3年の月日と220億円の資本を投入し、札幌、那覇など国内4路線、年間81万人の乗降客が見込めるとのふれこみでオープンした茨城空港でした。

ところがどうでしょう。いざフタを開けてみればとんだ見込み違い。開港から1年が過ぎた2011年3月時点で、スカイマークによる茨城と神戸・名古屋・札幌間を毎日各1便、韓国のアシアナ航空が茨城・ソウル間を毎日1便という運行状況。

利用客81万人というのも、この数字、皮肉にも実際の利用客でなく、空港見学者の数のほうでぴったりでした、という笑うにも笑えないありさま。

そのせいかどうかは定かじゃありませんが、開港するなり早くも茨城県知事さん、このように予防線を張り、責任を回避しようとするありさま、「2千万円の赤字はやむなし――」と。

そりゃあたしかに茨城空港にかぎったものじゃございませんよ、ローカル空港の赤字は。どこも運営に苦戦してるのが実態ですから。事実、全国の空港需要を予測する「運輸政策研究機構」（東京都港区）という財団法人は、茨城空港や静岡空港の需要を予測するなかで赤字は予測でき、造るべきでなかったとさえ言い切ってるんですね。それにもかかわらずあえてお荷物を背負いこむ。これっていったいなんなんでしょう。理由は簡単、ゼネコンの救済ですよ。

バブル経済の崩壊とアメリカの投資銀行リーマンの破綻というダブルパンチをモロに食らった我が国の大手ゼネコンは受注の激減で青息吐息。この救済策として国はローカル空港をどんどん造り、赤字の尻拭いは地方に押し付ける……。

とまぁ、地方空港の建設ってやつはこんなカラクリだったんですよ。

茨城空港は茨城県小美玉市にあります。ただし茨城空港は百里基地のなかにあるため航空自衛隊と、いわば同居するかたちで併存してるんです。

このことが、肝心の利用客より見学者を多くさせている要因でもあるんですがね、皮肉にも。つまり茨城空港にくると旅客機だけじゃない、ジェット戦闘機の発着訓練も同時に見学できるってなわけなんですよ。

でもねぇ、これまではそうでしたけど、これからは期待していいんじゃないかって思うんです。というのも、２０１１年3月に全長約１５０キロメートルの北関東自動車道、通称〝北関〟っていうんですが、これが全面的に開通したおかげで水戸・宇都宮・高崎の、関東北部都市が一本でつながったからなんです。そのため高速道路を利用すれば高崎市から茨城空港まで2時間たらず。北関東の人たちにとっても北海道や神戸、あるいはソウルに行くにはぐーんと便利になりました。


茨城空港はまるでマッチ箱のような、こぢんまりとした地方の小さな空港です。知名度もなけりゃ目玉になるような観光地もプレイスポットもほとんどありません。それだけにいっそうおもてなしのお出迎えをいたしますので、栃木県の方も群馬県の方もどうぞいらっしゃってください、茨城空港に。

うるわしのソウル……、あこがれの北海道……。

茨城空港はローカルのなかでもさらにローカル。そのためB級路線をひたすら独走するわが茨城県にもうひとつB級モノを上積みしてくれる、そのような切り札になってくれました。だからいいんですよ、ますます。

これぞ究極のB級グルメだ！　しし鍋だ！

いやぁ、世の中にB級グルメは山ほどあり、B級だらけといっていいぐらい。それでいながらB級のなかのB級、究極のB級となるとそうざらにあるもんじゃあございません。B級のくせして味がどーの、ダシがどーの、はては店のこだわりだ、伝統だ、ノレンだなんて、ごたいそうなことをとくとくとのたまわったりする。

B級だったらB級に徹し、能書きだのへりくつは言いっこなし。お客が求めるままにそっと出すべし。うまいかまずいかは店主が決めるんじゃない、お客が決めるもの。

その点「しし鍋」は徹してるからいいんですねぇ。味がどうだの、こだわりがどうだの、もう耳にたこ。だから言わない。店主はだまって注文に応じるだけ。

店主がこうなら「しし鍋」はもっとブスっとしている。食いたけりゃ勝手に食え。食いたくなけりゃ食うな、ってな感じ。中身の具材がそんな顔つきをしてるんです。

「しし鍋」とはなにかといえばイノシシの肉をみそ味で煮込んだ茨城県石岡市（旧八郷町）のご当地肉料理。

旧八郷町は「やまね盆地」といわれるように、筑波山を中心に加波山、難台山、足尾山といった大小の山々が牛の背中のように連なり、ふもとの集落をぐるっと取り囲んでます。そのため山にエサがなくなりはじめる冬ともなるとイノシシは集落中を跳梁跋扈し、農作物を食い荒らすなど、ワルサのしほうだい。人間さんにとっちゃ、いけない生きものなんですなぁ。

そうなると、いよいよ山師（ハンター）の出番。猟銃をかついでイノシシ退治に山のなかを駆けまわる。

イノシシだって、鉄砲に撃たれりゃ痛いし、死ぬのはもっとイヤ。だから必死で逃げまくる。逃げるから、山師も息をフーフーさせながら追いかける。かくして山師とイノシシの壮絶なバトルが筑波山を舞台に演じられるんですねぇ、シーズン中は。

けどやっぱり最後は人間さまに凱歌が上がっちゃう。ひと冬に8頭も10頭も撃ち止める射撃の名手もおりますからね。

八郷に行って、しし鍋が食べたいわぁ。

そう思い立ったら、「八郷名物しし鍋」と染めぬかれた黄色いノボリがはためくお店にお越しください。そこがしし鍋を提供してくださる飲食店。そんなに広くない地域に20軒ほどありますから、難なく見つけられるはずですよ。

ただし冒頭でいいましたように、このしし鍋、B級のなかのB級ってことをくれぐれもご承知おきを。

それっていうのも、まずメインの肉にしてからがイノシシ。山野を猪突猛進のごとく駆けずりまわり、手当たり次第になんでも食いまくる雑食系。

だから家つき、食つき、セキュリティつきで大事に大事に育てられた松阪牛だの、米沢牛などとはまるでちがい、粗にして野、野生丸出しなのです。

おまけに具材。これにしたって地元でとれたネギ、ニンジン、シイタケ、菜っ葉。ところによっては、自分の畑で

これぞ究極のB級グルメだっちゃー。
しし鍋は野趣満点グルメ

収穫したものを使ってる、というお店さえあるんです。だから、急に菜っ葉がきれちゃった、ネギがなくなっちゃったとなると、

「まぁーず待ってろや、畑さ行って、ちょっくら取ってくっからよ」

とまぁ、こんなあんばい。

Ｂ級のなかのＢ級といった理由は、だからここにあるんです。

けれど考えてみればしし鍋、まるごといなか料理の横綱みたいなものですが、そのぶんまじりっけなしの無添加、といえるかも……。だってそうじゃありませんか。家畜のウシやブタは栄養満点の配合飼料をふんだんに与えられ、はやく大きくなーれ、はやく大きくなーれといわれながら育つ。おかげで肥満体の肉となってお店にならぶ。そこへいくとイノシシはちがう。人工的なエサなんてちっとも食べちゃいない。野っぱらにあるものを食べてるから無添加食品で成長。だからデブちんでもなし。

してみるとなんですよ、人工の栄養で成長した肉を使ったＡ級ものなんかよりしし鍋のほうがずっとずっとヘルシーで、じつは超Ａ級だったりして——、ね。

古民家じゃーない、こっちは茅葺き屋根で逆襲だ

古民家ブームなんだそうですね。

建築後100年、あるいはそれよりもっと古い民家に住み、広い土間、太い梁、大黒柱に土の壁――。そんな暮らしをしたいっていうんです。

そのため、いまどきのツーバイフォーのような家じゃものたりない。建て付けが悪く、使い勝手も決してよろしいとはいえない。しかもくもの巣がはびこり、ほこりにまみれた、そんな廃屋をこのんでお求めになる。

でもねぇ、古民家、またこのような古民家に移り住んだ人たちを長野県や富山県にたずねて当方、取材したこともありました。けれど本音を言わせてもらえば、ほとんどがゲンメツでしたよ。

なにがゲンメツですか、って？

ひとことでいえば、まがいもの、借りもの、生活に密着したものじゃないってことですかねぇ。

建てものはたしかに古く、いなか家。けどそれは外見だけ。一歩家のなかに入ると台所はシステムキッチン、部屋にはエアコン、間仕切りはドア……、これですもん。

そこへいくと茨城県石岡市の旧八郷町地域にひろがる茅葺き屋根の家は正真正銘、ホンモノ。建築後100年200年なんてざら。そのうえ住んでいる人も、ほとんど当時の生活スタイルを続けてるんです。

八郷地域には50数軒の茅葺き屋根の建物が点在してます。母屋に納屋に長屋門。さらに隠居所に蔵などなど——。

このうち30数軒のひとたちが2004年1月、「八郷町（当時）茅葺き屋根保存会」（木崎真会長）を設立し、茅葺き屋根の民家の保存に取り組みはじめたんですよ。

茅葺きの民家の保存は、たとえば福島県の大内宿のようなところがありますよね。でもここは純粋に観光地。そのため人は暮らしておらず、生活の息吹はまったくなし。その点、八郷地域の茅葺き屋根の民家には人が暮らし、生活を営んでます。だから本来は見せ物じゃないんです。

八郷地域は、標高877メートルの筑波山を扇のかなめとして左右に大小の山々が連なる盆地。そのため屋根の葺き替えに使う茅、わら、竹は豊富。会津、越後方面から職人さんを呼んでは20年ないし30年のローテーションで葺き替えを行なってきたものなんです。

茅葺き屋根の葺き方は、まず直径4、5センチほどの竹を餅網のようにタテヨコに組みながら荒

日本の原風景が残る旧八郷町の藁葺き屋根の古民家

縄でしめあげ、底部に茅、そして次にワラ、というように交互に重ね上げてゆきます。このとき茅の穂先は上、つまりグシの方向に向けるんです。それっていうのは、穂先が軒端のほうに向いていては、浸透した雨が水滴となって滞留してしまうので茅の腐敗をまねき、寿命を弱めてしまうからなんですよ。

茅葺き屋根の職人さんを、八郷地域の人たちは〝葺き師〟、または〝茅や手〟などと呼んでます。越後など遠方の茅葺き職人に交って地元の葺き師が育てられ、やがて「筑波流茅や手」と称する葺き師集団が形成され、独特の技術が確立されるんですね。

独特の技術ってなにかといえば、グシの両端の切り口、つまりこの部分を地域の葺き師は〝キリトビ〟と称してるんですが、そこに、松竹梅、あるいは寿の文字など、めでたく縁起のよい意匠をこらす、といったものなんです。だからキリトビを見れば筑波流葺き師の意匠力、技術力がいかに高く、洗練されたものかってことがわかるんです。ところが時代の趨勢は建物から茅葺き屋根をどんどん片隅に追いやり、いまでは瓦屋根がほとんど。そのため葺き師は仕事を奪われ、高齢化もすすみ、後継者がいない。このうえおまけに材料の茅の入手も困難ときている。そのため茅葺き屋根はますます危機的状況に陥り、対策に苦慮してるんですね。

保存会は立ち上げたけれど、これらの課題をいかに克服し、茅葺き屋根の民家を保存させてゆくか、そこに暮らす人たちにとって、これが目下悩みのタネなんですよ。

でも、筑波山麓に点在する茅葺き屋根の民家。のどかなこの風景こそまさに日本の農村の原風景であり、なつかしさがこみあげてまいります。

茅葺き屋根の古民家と農村の景観を守り、のちのちの世代にまで伝えようとする保存会があるってことはたのもしく、嬉しいことじゃありませんか。

まがいものの古民家なんかじゃない。八郷地域の茅葺き屋根の民家は１００年２００年そんな遠ーいむかしから続くひとびとの暮らしをいまも引き継ぎ、生活に密着したまさに原点、土台をしっかりと守っている、そのような建物なんですよねぇ。

宣誓！　起こすぞっ、コロッケ旋風で逆襲

宣誓！　起こすぞっ、コロッケ旋風を。

ってなわけで宣言したんです、茨城県龍ヶ崎市は。２００９年11月、静岡県三島市、富山県高岡市、そして龍ヶ崎市の３市が協定を交わし、「コロッケの国／３国の共同宣言」を発布したのがそうなんですよ。で、その宣言とは、

（一）コロッケは地域と地域、人と人とを結び付けるおいしい魅力が盛りだくさん。コロッケの作ったコミュニケーションの輪をさらに広げ、「コロッケによるまちおこし旋風」を全国に起こそう。

（二）３人よれば文殊の知恵。３国間の絆を強め、イベントや困ったときには協力し合うことを約束しよう。

（三）熱々のコロッケは心も温かくし、みんなが仲良くなれる。これからもコロッケを愛する熱い気持ちを育み、みんなの幸せと世界の平和を願おう。

知ってっぺ、いま評判の龍ヶ崎のコロッケ

というものなんですよ。

じゃあ、なんで龍ヶ崎にコロッケかってなりますよね、当然。そこで龍ヶ崎市商工観光課で聞いてみました。それによると、市内の商工会女性部っていいますから、商店の女将さんたちが商店街の活性化をあれこれ模索するなかで、むかし食べたあのなつかしい味のコロッケでまちおこしってのはどうか、となって、２０００年６月「龍ヶ崎まいんコロッケ」という名のコロッケを売り出したのがそもそもの始まりっていうんです。

そういえば当方も幼少のみぎり、５キロほど離れた町の学習塾に自転車で通った帰りなど、肉屋さんでコロッケを買い、揚げたての、ふたつに割るとなかのジャガイモからぷわぁーっと湯気がたちのぼる、ほくほくのコロッケをふうふうやりながらよく食べたもんでしたっけ。

女将さんたちの元気とやる気がたっぷり込められた龍ヶ崎のコロッケはじつにバリエーションも

豊富。たとえばジャガイモのなかに黒豆をいっしょに練り込んだ〝黒まめコロッケ〟、絹ごしとうふに魚のすり身を加え、京風の味に仕上げた〝とうふコロッケ〟、ピーナッツを加え、ころものかたちもピーナッツ風にした〝ピーナッツコロッケ〟などなど。さまざまなアイテムがそろってるんです。

でもこのまいんコロッケ、毎日どこでも買えるわけじゃないのがとても残念。毎月第一日曜日、市内の八坂神社の前にあるふれあい広場で開催されます「まいんバザール」でしか買えない、限定品。

でもご心配はご無用。まいんコロッケだけが龍ヶ崎コロッケじゃない。

龍ヶ崎版グルメコロッケには、
龍のカタチをしたコロッケもあるぞ。

じつはまいんコロッケが始まったのをきっかけに、今度は龍ヶ崎市内の肉屋さん、中華料理屋さん、和風料理屋さん、居酒屋さんなど20数軒の旦那衆も立ち上がり、2003年1月、「コロッケクラブ龍ヶ崎」を結成。加盟店それぞれが工夫と創意をこらしたオリジナリティゆたかなコロッケの売り出しをはじめたんです。

「茨城って特徴がないからブランド力最下

位なんだけど、それは龍ヶ崎もおんなじ。だらば特徴をどーつくっか、となってできたのが龍ヶ崎のコロッケだったんですよ」

このように説明してくださったのは同クラブの飯島進会長。

「龍ヶ崎コロッケは統一された規格だのかたちだの具材がないところが特徴。んだからどのお店もアイデアとセンスが勝負。龍ヶ崎コロッケがなんでクオリティーが高いかってぇば、こうした努力と工夫があっからなんですよ」

ちなみに飯島会長は創業60年の老舗「高橋肉店」の代表取締役。店内には、おそろいの赤のトレーナーと水色のエプロンを着た若い女性スタッフがコロッケやメンチ、串カツなどを揚げ、忙しく立ち働いています。

「うちのコロッケはソースをつけなくてもいい、むかしながらの醤油味が特徴なんですよ。これをメインにオリジナルとして龍の顔をかたちにした幸運のドラゴンコロッケ、豚トロコロッケ、常陸牛ドラゴンボールコロッケなんかがあります」

ご存じのように、コロッケというのはゆでたジャガイモをつぶし、ひき肉やカニの肉、あるいはみじん切りにした玉ねぎやらにんじんなどを加えてパン粉のころもでくるみ、食用油で揚げるというものです。

コロッケが我が国の文献に登場するのは明治5（1872）年だそうです。ただし当時はフランスから伝わったクロケットがコロッケと理解され、いまのクリームコロッケのようなものだったそうなんですね。だから、いわゆるジャガイモをつかったポテトコロッケがお目見えするのは明治20（1887）年まで待たなければならなかったんです。

ジャガイモをたっぷり使ったポテトコロッケにはじまってコーンコロッケ、カニコロッケ、かぼちゃコロッケ、カレーコロッケ――、いまではいろいろあり、バリエーション豊富です。

それだけにコロッケは庶民の味、庶民の味方なんですねぇ。だから歌手の五月みどりさんを龍ヶ崎コロッケの親善大使にお選びになり、ひと役もふた役も買っていただいたこと、これもぴったり。

東京生まれの五月みどりさんの生家は肉屋さん。そのうえ戦時中は茨城県伊奈村（現在つくばみらい市）に疎開していたなどのご縁から2004年4月、親善大使をお受けなさって龍ヶ崎コロッケのPRにつとめています。

庶民の味方のコロッケに庶民派歌手の五月みどりさんの援軍――これはまさに鬼に金棒。

このコラボレーションで龍ヶ崎コロッケはますますエンターテインメントを発揮し、全国にコロッケ旋風を巻き起こし、龍ヶ崎市からコロッケ逆襲がはじまること、こりゃあもう、まちがいありません。

第5章 茨城のマンパワーで逆襲

自慢のひげで水戸黄門そっくりさん

「えぇいっ、この印籠が目に入らぬか！　こちらにおわす御方はどなたと心得る。おそれ多くもさきの副将軍、水戸光圀公にあらせられるぞ。頭が高いっ、控えおろう！」

家来の助さんが葵の紋所がはいった印籠を目の前にぐいっと突き出すと、それまで居丈高であった悪代官はたちまち土下座し、「ははぁ」とひれ伏してしまう。

ここで黄門さん、悪代官をひとしきりこらしめたところで例によってカッカカカーと高笑いして、「助さんや、格さんや、ではそろそろまいろーか」、そういってふたたびあてもない旅に出る。

とまぁ、毎度おなじみの水戸黄門の名場面。その水戸黄門さんに扮して足掛け4年。石岡市小幡にお住まいの小林優さんも茨城県内の観光名所や福祉施設、あるいは自治体やら商店会のイベントなどに漫遊、引っ張りだこの忙しさなんですよ。

「私の顔を見るなり、わぁー、ほんものの水戸黄門がきたーってな感じで、いっせいに拍手喝采。

もうすごいのなんのって、こっちが圧倒されっぱなしなんですよ、ほんとに」とかなんとか言ったりして目尻をさげるあたりはまんざらでもなさそう、といったところなんですが、じつは小林さん、「水戸黄門漫遊一座」の座員として黄門役を演じてるんです。

一座は高島繁正座長を中心に1998年に結成。規約第3条で、一座の目的をこのように唱ってるんです。

「本会は、水戸藩第二代藩主光圀公を始めとする歴代藩主の功績を讃え、歴史都市水戸をこよなく愛する者同士の親睦と、水戸観光行政の側面的支援と観光推進活動を目的とする」

現在会員数は約80名ほど。「このうち助さん格さん役は40人ほど登録してるが、黄門となるとなかなかいなくて、わずか4人なんですよ。しかも自前の

この印籠が目に入らぬか！　ご存知、葵の御紋

白いひげが自慢の小林優さん。水戸黄門はハマリ役

ひげってなると、これまたいなくて私だけ。あとの3人は、実はツケヒゲなんですよね」

小林さんが登場すると、会場が一気に盛り上がるのはこのせいなんです。本物の黄門さんが来たあ、となって。

小林さんがひげをたくわえはじめて10数年。いまでは白くゆたかに伸び、浅黄色の宗匠頭巾にえび茶色の羽織、白たびすがたで登場すると里見浩太朗さんだって思わず真っ青。まさにテレビドラマから抜け出した水戸黄門そのもの。これなら観客がドッとわくのもあたりまえ。

そもそも小林さん、一座に加わり、黄門役を引き受けるようになるのも、ひげが取り持つ縁でした。

「私は写真も好きで撮ってるんですが、写真仲間から一座の存在を紹介されたもんだから高島会長にお会いした。そしたらその場でさっそくＯＫ。ひげがあるからいますぐ黄門役に、ってな具合に決まっちゃったんですよ。うわっははは」

白いあごひげをしごきながら小林さんは黄門さんのように豪快に笑い飛ばしたが、1年に5回ないし6回、黄門役に扮して出演。水戸市や茨城県を訪れた観光客のおもてなしに、小林さんはひと役もふた役も果たしてるんです。

もちろんこの黄門役、すべてボランティア。本業は別にもってます。小林さんは住宅機器の設備工事のほか土木建設、造園などを手広く請け負う有限会社「小林住設」の社長さんなんですよ。

小林さん、目下新しいアイデアに着目し、商品化を目指してるものがあると言うんです。ニューアイデアとはいかなるものか。

「見てください。これなんですよ、これ」

当方を資材置き場に案内して指で示したのは、茶色の光沢を放った数百本もの竹の杖。

「こいつを〝黄門の杖〟ってなネーミングで売り出そうと思ってるんですよ。観光地や駅ビルの土産品コーナーなんかでね」

黄門の杖は長さが1・3メートルほど。自生した本物の禅竹を利用してるところといい、茶色の光沢を放ってるところといい、いかにもシブ味があり、握っただけでたちまち黄門様になった気分。

そのうえ手に当たる部分には紫色の房と葵の紋所が入った印籠をつけて売り出そうってんですか

ら、なおさらこの黄門の杖を持ったひにゃ、「頭が高いっ、ひかえおろー」なんて、セリフのひとつも言いたくなるってもんです。それにしても小林黄門さん、アイデアは限りなくさえわたり、ますます快調といって過言じゃありません。

でもなんですよねぇ、水戸といえばやっぱり光圀さん、水戸黄門とくるんですね。それぐらいだから水戸に来て、うっかり光圀さんのスキャンダラスな面など口にしようもんなら、「無礼者め。そこになおれ、手打ちにしてくれんっ」てな具合に、たちまち頭にカミナリが落ちてくる。

裏を返せばそれだけ水戸黄門さんを愛し、誇りにお思いってことなんでしょうが、これは小林黄門さんに対してもまったく同じ。助さん格さんをしたがえてさっそうと現われると会場はわれんばかりのやんやの喝采。

当方も、「ハハァー」、といって土下座し、ひれ伏してしまうしかありません、水戸の、おっと、小林ご老公様には。

アートで逆襲――今井義明画伯、地球規模のスケール

今井義明画伯のスケールのでかさといったら、そりゃあもう、半端じゃない。やることなすことすべてがトテツもなくでっかく、まさしく気宇壮大、アーチストのなかのビッグアーチストなのだ。

なにがビッグアーチストかって？

そうくると思ってましたから用意しときましたよ、ちゃんと。これが今井氏の画業。まぁ見てください。

１９６９年～72年までの3年間フランスで絵画研究に没頭。帰国と同時にはやくも地球環境保護をテーマにした環境美術展を全国48カ所で開催。はなばなしくデビューするとともに我が国美術界に新しい風を巻き起こし、たちまち画壇の注目を浴びるんですねぇ、新進気鋭のアーチストってな

世界をステージに活躍するビッグアーチスト今井義明氏

具合に。

これを皮切りに78年～90年まで、第二の故郷である茨城県内21カ所で個展をひらき、並行して、１９８５年に開催された筑波科学万国博覧会を記念して絵画１００点を展示。訪れた世界の研究者などから絶大な共感と称賛を受け、今井氏の名声はいよいよゆるぎないものになるんです。

馴れ合い、もたれ合いが幅を利かしてる我が国画壇なんか相手にしてない、ってことなんです。だから今井氏の絵画世界はせまいニッポンから海外に、ってなふうになってゆくのは自然な流れ。

世界アート展はまずアジア大陸から、との思いから１９９７年夏、中国黒竜江省ハルピンで第１回海外展を開催。海外デビューの第一歩です。

さらに同年秋、今度は太平洋を一気に南下し、豪州はメルボルンにまで吹っ飛んじゃってるんです。絵を通して先住民のアボリジニと友情を深め、言葉は通じなくても絵は理解できる、絵こそ世界共通の言語、ってな確信をますます強くして、今井画伯は帰国します。

これを契機に98年にはカナダ・バンクーバーで開催されたジャパンフェスティバルに出品。99年にはロスアンゼルス、メキシコシティ、サンパウロと、南・北米大陸を縦断。

2001年にはエジプト・カイロ、南アフリカ・プレトリアなどアフリカ大陸で初の絵画展。2004年になると、今井氏の絵はサバンナのアフリカから北欧にわたり、フィンランドはヘルシンキで初お披露目。ただでさえ東洋人は珍しいうえ日本人画家の展覧会とあってメディア取材が殺到。北欧でも今井画伯の絵画はモテモテ。

このような歓迎や称賛の熱気がさめやらぬ06年、今井氏は一筆入魂の気迫を込めて完成させた大作を引っ提げてフランスを再訪します。

さだめし感慨深いものがあったにちがいありません。なにしろフランス留学から30数年ぶりの渡仏なんですから。しかも、このフランスでの展覧会、なんと、ベルサイユ宮殿が会場っていうじゃないですか。ということは、すでにフランスでは今井氏の画業を知らない人はいないほど、高く評価されてるってことでしょう。だからこそベルサイユ宮殿を展覧会場に、などと超破格の厚遇をもって迎えられもする。

もちろん日本人初の快挙。パリ市長や駐仏日本大使をはじめ各界各層の歓待を受けるとともに連日盛大なレセプションに招かれては今井芸術を語るなど、日本の今井から世界の今井へと飛躍する今井氏に、フランス美術界は惜しみない賛辞を贈ったんです。

かくして世界五大陸、60数カ国を縦横にかけめぐり、約170回もの海外展に130万人以上が訪れた今井画伯の偉業は各国のひとびとに感動と共感をあたえ、絵画こそ世界共通の言語であるということを、あらためて知ることになるんです。

今井芸術は「地球環境」「人類平和」「宇宙理想」――、この三大テーマで構成されてるんです。

「地球が誕生してから46億年。人類が地球上に現われて4億年。連綿として生き続けてきたこのかけがえのない地球がいまや危機に瀕し、滅亡の崖っぷちに立たされてるんですよ、人類の無知と傲慢によってね」

画家の顔から一転して哲学者の表情に変わった今井氏はさらに、このように警告を発します。

「世界のいたるところで民族、宗教、人種、政治体制などの違いによって紛争が絶えない。しかも大量生産、大量消費、大量廃棄によって資源の枯渇、生態系の破壊を招いている。これらはすべて私たち人間のあくなき欲望、独占から発してるんですよね。だからどっかで歯止めをかけなければやがて地球は破滅、人類は滅亡しちゃいますよ、このまま暴走しつづけていては」

まさしくおっしゃるとおり。現に2011年3月11日、マグニチュード9・0という、我が国観測史上かつて経験したことのない大地震が発生し、東北地方の沿岸部を中心に津波と地震、さらに原子力発電所の水素爆発を原因とする放射能汚染という未曾有の災害に見舞われ、1万5千人以上もの犠牲者を出すという悲劇を体験し、いかに先端的科学技術や知識をもってしても自然の猛威を超えることは到底不可能という事実を改めて思い知らされたものでした。

それだけに今井氏の言葉には示唆に富むものがあり、止むにやまれぬ思いが今井氏をキャンバスに向かわせてるんですね。

そうなんです、今井画伯は情念の芸術家なんです。地球破壊、人類滅亡に警鐘を乱打し、絵筆をもって警世のメッセージを発信する——。

そしていままた今井氏は三大テーマを表現する絵画制作に格闘中。完成すると長さざっと150メートルにも達するというからまさに前人未踏の大作。これまた世界にいまだ類例を見ない、世界初の超弩級の絵になるっていうんですよ。

この作品、やはりフランスで公開予定といいますから、公開されたあかつきにはまたしてもフランス、いや世界中のアーチストのド肝を抜くこと、間違いありません。

アートは偉大なり。

今井画伯の成し遂げたかずかずの偉業を知れば知るほどこの言葉のほか、当方に思いつく言葉がありません。

わずか50号、あるいは80号の白いキャンバス。けれどそこに描かれた絵には今井氏の静かな、しかし熱き情念が込められ、見るものの魂にゆさぶりをかけずにはおかないメッセージを発してるんです。

破壊と滅亡から地球、人類を救う――。

このメッセージを込めて今井画伯は絵筆を振るい、茨城県から逆襲を発してるんです。

さぁさお立ち会い、大道芸パワーで逆襲だぁー

タタン、タタン、タンタンタンッー。

小気味よく張り扇をたたいたかと思いきや、こんどは赤いハチマキにタスキがけ、黒の紋付き小袖の裾をぐいっとたくしあげ、ややうらぶれかかった素浪人が白刃の太刀を頭上に大きく振りかざして口上をひとしきり……。

「さぁーさお立ち会い。ご用とお急ぎでない方は寄ってらっしゃい見てらっしゃい。買ってちょーだいしてちょーだい」

こう前口上を振っておいて観客の関心を引きつけ、さらに、

「ここに取りぃー出したるは筑波名物ガマの油。ガマはガマでもただのガマじゃーない。筑波の山に住みたる四六のガマ。しからば四六のガマはどこで見分けるか。すなわち、前足四本後足六本——。さぁーさお立ち会い」

おなじみ、筑波のガマの油売りの口上がポンポンと、威勢のよいテンポで飛び出すのは、200
5年に結成した「大江戸大道芸会」をひきいて6年、ひと声かければ、3度のごはんより大道芸が大好きという粒ぞろいの役者10数人が、追っ取り刀で馳せ参じるとおっしゃいます、高野鶴玄会主。ガマの油売りから突如、黒鞘の大小を腰に陣笠、陣羽織姿の、キリリッとした江戸市中見回り同心に変身。

かと思えば真っ赤な頭巾に真っ赤な茶羽織の、ドはでな衣装で七味とうがらしを売りあるく棒手振り商人に、あるいは辻立ちの講釈師に――と早変わり。

とにかく、もう忙しいのなんのって、八面六臂の大活躍。サービス精神旺盛なもんですから高野鶴玄さん、ひとたび舞台にあがるとすっかり役になりきって、72歳という年齢なんかすっかり忘れ、ステージいっぱいに飛んだり跳ねたり、汗だくです。だから、いつだって、どこだって、客席は大入り満員、大爆笑のうず、うず、うず、なんです。

ところが鶴玄さん、じつは大道芸は世を忍ぶ仮のすがた。なにを隠そう、もとをただせば高級官僚だったんです。もっとも、それは1999年までのことでしたがね。だから、だったといったんです。ならばいかなる御仁であられたか。

「名乗るほどのもんじゃないんですが、八丈島空港の所長を最後に定年退職したんですよ」

そうなんです、高野鶴玄さん、もとはといえば国土交通省航空局に奉職。もっぱら航空畑を中心に札幌から沖縄と転勤を重ね、八丈島空港でお役を終えられた、という方だったんです。

ガマはガマでも四六のガマ……。口上もなめらかな高野鶴玄さん

なんてったって国家のお役人さま。どおりで十手持ちの二本差しがよくお似合い。

それはともかく、堅いこと岩や鉄どころじゃない。なのに、なにを血迷ったか高野さん、一念発起し、52歳にして講談師の田辺一鶴師匠に弟子入り。

田辺一鶴師匠といえば、ゆたかなヒゲと派手なアクションで一世を風靡した講釈師。その師匠が墨田区両国で月に1回、素人衆のための講座を開いていたので高野さんも入門。1年間、講談の手ほどきを受けたってわけなんです。

1年間の年期明けと同時に師匠の一字、鶴をいただき、本名の高野勇から高野鶴玄に改めました。

軍談語りのお役人――。

お役所勤めの講釈師――。

二足の草鞋をはいた高野さん。うわさはパッ

とひろがり、

「ねぇちょっとちょっと、あんた知ってる。あの人、田辺一鶴さんの弟子だってこと。やってるみたいよ、講談を。いろんなとこで」

てなささやきが庁舎のそちこちから漏れてくる。もちろん高野さん、まんざらでもありません。木戸銭を頂戴して聞かせるプロではない。趣味ではじめた道楽とはいえ、芸は玄人はだし。人の話題になってナンボ、という点ではアマチュアだって同じ。うわさはとうとう八丈島にまで広まってしまったっていうんですから、こりゃもうほんもの。

「着任するなり、なにやら職員がわたしの顔を見てクスクスニヤニヤ……。そのうち、『なんか、こんどの所長はおもろいキャラだって』、こんなささやきがわたしの耳にも入ってくるんですよ。もちろん講談をやってるなんて話したおぼえもないし、職場で披露したこともないのにねぇ」

高野さん、定年退職を契機に一段と芸に磨きをかけ、高野鶴玄として本格的にデビュー。さいわい取手市の自宅からさほど遠くないつくばみらい市には「ワープステーション江戸」がある。ここは江戸時代の町並みを再現したオープンセット。そのため時代劇映画やテレビドラマによく使われるところなんです。

高野鶴玄さん、エキストラとして時代劇の端役で出演。ときには主役を食ってしまうほどの演技力――とか。

「現役当時から居合道もやってたので、太刀さばきや身のこなしはできてる。それがかえって主役よりサマになりすぎてるって、監督に役をはずされっちゃったんですよ、ある番組では」

高野鶴玄さん、居合道を使ってさらに芸域を広げてるんですね。それはなにかっていえば、講談のなかにエイヤッと、居合抜きを導入し、殺陣を演じて話にリアリティと厚みを加えるってな寸法なんです。

これを名付けて高野さん、〝立体講談〟と銘打ち、2010年秋に公開された『桜田門外ノ変』の上映に合わせてさっそく、『桜田門外ノ変　雪の太刀風』という創作講談を初披露。案の定、大いに受けて客席からはやんやの喝采。好評を博するんですねぇ。

立体講談――。

これでまたしても講談に新機軸をもたらし、可能性を広げてくれました、高野鶴玄さんは。

ギャラは受け取らず、大道芸はあくまでボランティア。しかし見せる芸はプロフェッショナル。

これが高野鶴玄さん率いる「大江戸大道芸会」の基本コンセプト。

芸に対する姿勢はあくまで真摯。この姿勢とおもしろキャラでさぁさお立ち会い！

おたのみ申しますぞ高野鶴玄どの、茨城の逆襲を――。

相撲甚句——真っ向勝負で逆襲だ

土俵なら、駆け引きなしの真っ向勝負。歌なら、粋でいなせな相撲甚句——。

相撲と甚句をこよなく愛し、相撲甚句を歌いはじめてかれこれ20数年。いまでは全日本相撲甚句協会の事務局長だからもちろんのこと、隅田川の両国国技館界隈の親方衆のあいだでも知らないものはないといわれ、「どすこいの山下」といえばこの業界では通る、それほどのエンターティナーなんです、山下晃生さんとは。

山下さんが相撲の魅力にめざめたのは昭和30年代のはじめごろだったとか。テレビがぼちぼち普及しはじめ、画面のまえには黒山の人だかり。おめあては、形勢不利な力道山が、ついに伝家の宝刀空手チョップのあらしをあびせ、なみいる巨漢の白人レスラーをバッタバッタとなぎ倒す場面。

牛久相撲甚句会のメンバー。マイクの前に立つのが山下晃生幹事長

いつもながらのワンパターン。予定調和とわかっていながら観衆は拍手喝采。山下少年も目をまるくしてプロレスにかぶりついたもの。

プロレスに対して大相撲はちょうど栃若全盛時代。山下少年、ここでもテレビ画面にかじりつき、おめあての吉葉山に声をからして応援。

昭和29年初場所でみごと全勝優勝。翌場所第43代横綱に昇進した吉葉山。しかも吉葉山、なかなかの美形。当節風にいえばイケメン――。これが山下少年のこころをいっそうとりこにしてしまい、集めたプロマイドをしばしながめて陶然……。

そんな少年時代の残像に光を当て、ふたたび相撲熱を呼びおこしたのが吉葉山の出身地である北海道厚田村（現在石狩市）からほど遠くない札幌に転勤したこと、地元紙の北海道新聞で、札幌市に相撲甚句会が発足したとの記事を目にしたこと――これだったんです。

これらに奇しき因縁を感じ取った山下さんの甚句修業は、いよいよここから始まります。1995年ごろのことでした。

ある大手電機メーカーの営業マンとして札幌、大阪、広島、岡山、千葉――、各地を移動する転勤族。現在は常磐線JRひたち野牛久駅にほどちかい高層マンションにお住まい。定年退職後、自宅マンションの自治会長となり、市の研修会で名刺がわりにひとふし、アドリブで地元の牛久自慢を織り込んで甚句を披露したのがたちまちブレーク。市長をはじめお歴々の面々が大いに乗り気。地元に甚句会を、と話はトントン拍子。「おもしろいじゃないか。ぜひ区長会で歌えるようにしようじゃないかって、市長もその気になってくれたんで、あれよあれよという間に甚句会発足を、って話に発展。ほんの名刺がわりに歌ったつもりが……、芸は身を助く、っていいますが、あんですねぇ、ほんとに……」

かくして2002年11月、「牛久相撲甚句会」が設立。現在会員は18名。いずれも相撲甚句がなにより大好きなオジサマたち、と同会の幹事長である山下さんはいうのです。

でも、いまどきのオジサマって、まだまだ元気。ひとハナもふたハナも咲かせちゃう、花の70代、って感じなんです。

02年といえば、元横綱隆の里が興した鳴戸部屋に萩原（のちの稀勢の里）が入門したとき。兵庫県神戸市で生まれた稀勢の里は茨城県牛久市に転居。04年九州場所、18歳で幕内力士となり、その後の活躍は目覚ましく、横綱白鵬の連勝記録に待ったをかけたことで一躍脚光を浴びたのは、みなさんご存じのとおり。

国技といいながら、いまやすっかりモンゴル勢にお株を奪われ、日本人力士は見る影もなし。それだけに稀勢の里には日本人横綱誕生の声が次第に高まっている、そんな期待の星なんですよ。

力士のおもな出身地といえば北海道、九州、東北、北陸――と思われがち。けど、茨城だって、相撲は盛んなんです。その証拠に稲妻、男女の川、常陸山といった力士が横綱を張り、大内山、武双山、雅山の大関が3人もうまれてるんです。

これだけじゃない。若浪、多賀龍、水戸泉の3人は、みごと平幕優勝してるんです。立ちふさがる強敵をガチンコ相撲でなぎ倒し、天皇賜杯をものにする。勝負の世界は実力がなければこうはいきません。

将来の横綱として相撲界をしょって立ってもらいたいと願う、期待の関取が牛久から登場したとも、牛久甚句会の門出を後押ししてくれました。

十両から幕内、平幕から三役に――、稀勢の里の出世に比例して牛久甚句会の知名度もアップ。04年には「稀勢の里関郷土後援会」も発足。そして翌年の2月には牛久在住で、歌手の渥美二郎さんや金田たつえさんの作詩を担当していらっしゃる作詞家の沼川淳氏の作詩によって、待望の「稀勢の里出世甚句」が完成し、お披露目されるんです。ご紹介しましょう、稀勢の里関の出世甚句。

あーあー　どすこい　どすこい
やぐら太鼓が玄海灘のヨー
あー逆巻く波と競い合い
次代を担う若武者を　招く小粋なばちさばき
弱冠十八最年少　新入幕を成し遂げた
誉れの人は平成の　大横綱の貴乃花
その十八で二番目の　萩原改め　稀勢の里
一にも稽古　二に稽古　ドスコイ鳴戸の荒稽古
もまれて励んだ甲斐あって　晴れて博多で新入幕
類稀なる勢いの　四股名に恥じずひたすらに
牛久の猛牛さながらに
真っ向勝負の心意気　お目にかけます　よー
ほほい
あぁー土俵上ヨー

初場所、あるいは秋場所ともなると後援会のメンバーは大型バスを連ねて両国国技館に駆けつけ、桟敷席の一角に、「郷土の星　真っ向勝負　稀勢の里」と染め抜いた横断幕を高く掲げて陣取る。

だから稀勢の里が土俵に上がるともう一気にヒートアップ。ハッピ姿のファンが声援の大合唱。

「白星たのむぞ稀勢の里」「真っ向勝負だ稀勢の里」――。

こうまでエールを送られりゃ、稀勢の里だって負けられません。しかもこの嵐のような大声援、いつしか相撲界でも話題のタネになっているといわれりゃ、なおさら声援に張りも出る。

「私たちを見ると、おぉ、また来たね、って茶屋の人たちも声をかけてくるんですよ。後援会は全国に数多くあるけど、牛久はひときわ目立つってんですから、気分、悪くないですよ、注目されてる証拠ですからね」

牛久相撲甚句会。そんなわけで活動の場はますます広がり、いまでは県域を超えて全国展開。元幕下国錦関の国錦耕次郎師範率いる全日本相撲甚句会協会にも加盟され、6年には国技館で開催された全国大会にも出場。

「甚句好きなら一度は歌ってみたい国技館で、思いっきり……、その念願がかなったんですから、まったく甚句冥利につきますよ」

ますますノリノリの山下晃生さん。今日もどこかで、ドスコイ　ドスコイってな調子で真っ向勝負。怒濤の寄り身で逆襲の連発ですか、もう、ごっつあんです。

勇敢なる守谷レスキュー隊員たちは被災地で救助活動

２０１１年3月11日、宮城県沖を震源地とするマグニチュード9・0という我が国観測史上最大の大地震が発生し、岩手、宮城、福島の各県を中心に未曾有の人的物的被害をもたらしました。

実は当方、震災直後の3月15日、ある雑誌の依頼を受けて福島県いわき市の沿岸地域に急行。津波被害で壊滅した集落の無残なすがたをまのあたりにすると同時に、避難所に一泊し避難民の恐怖の体験談もつぶさに聞きました。これらの取材から当方が得たものは、東北の悲劇はけっしてひとごとではない、自分たちにも十分起こり得ることだ、という教訓でした。

もちろんこのような思いは当方にかぎったことではありません。「守谷レスキュー」隊員12名にも共通してあります。

だからこそ、２００4年10月23日、新潟県中越地方を襲った中越沖大震災では米、飲料水、生活用品などさまざまな救援物資のほか発電機、投光器、炊飯器などを満載した4トントラックを仕立

救援物資や機材を満載して東北の被災地に向かう荒井好雄守谷レスキュー隊長

て、荒井好雄隊長のほか武藤昭、横瀬光好隊員が深夜の高速道路を走り、ただちに被災現場に駆けつけ、被災者の救援活動にあたったように、このたびの東日本大震災でも荒井隊長、伯耆田富夫副隊長のほか3名の隊員がレッカーつきの4トントラック2台をつらねて宮城県石巻市に急行。被災者に対する炊き出しや避難所の照明設営など、献身的に取り組むんです。

守谷レスキューとは、被災現場での救援活動を専門にする、民間人による救助隊。ですから荒井隊長は自動車整備工場を経営するというように、13名の隊員は、たとえば重機のオペレーター、大工さん、電機工事業者、自動車板金、女性の場合は看護師など、それぞれ職業を持っており、生活の糧を得ているんです。だから活動はボランティア、あくまで無償の行為。

けど、ひとたび被災現場に向かうときは消防隊員や警察官にもけっして引けを取らない、的確で果敢な行動とプロ意識を持って事態に対応し、積み上げた日頃の訓練を発揮する。だからこそ、「茨城県守谷市には守谷レスキューという、じつに勇敢な民間救助隊があり、たのもしい」。

このような称賛の声が、救援を受けた自治体や被災者から寄せられてるんです。

ところで荒井隊長が守谷レスキューを立ち上げた経緯って、そもそもなんだったんでしょう。

「1995年1月に起こった阪神淡路大震災で、家屋の下敷きになった犠牲者の救出作業をテレビで見ていて思ったんですよ、油圧式のジャッキを使えばなんとかなるんじゃないかって。それが動機だったんです」

とはいってもすぐに取り組めるほどたやすくありません。救助隊ともなれば単なるお助けマンとわけがちがうんです。

どこがちがうか、ですって？

たとえば担架。組み立て方や負傷者の運搬のやり方を知らなければなりません。発電機や投光器の扱い方、あるいは電線の接続、倒壊した家屋の様子から家の構造を判断する。このような専門的な知識や技術が要求されるとなればプロ集団でなければできないんです。

「だから発足するまで3年ほど準備期間があったんですよ」（荒井隊長）

かくして2001年4月1日、女性1名を含む12名の勇敢なる隊員で編成された守谷レスキューが結成。守谷市が主催する防災訓練などで積み上げた救援活動のノウハウをもとに中越沖地震では

災害発生と同時に救援活動に取り組む守谷レスキュー隊

被災現場に急行し、救援活動を初めて実践。

そしてさらに3・11東日本大震災ではまたもや大いなる活動を存分に発揮し、守谷レスキューの存在感を被災地のひとびとに一段と深く印象づけてくれました。

「発電機に投光器、四升炊きの炊飯器に無洗米200キロ、水300リットル、軽油300リットルをトラック2台に載せて東北道を北上したんです」

荒井隊長とともに被災現場で指揮を執ったり、石巻市役所との交渉につとめた伯耆田富夫副隊長はこのように言うんです。じつは伯耆田さん、2011年3月の時点では守谷市会議員という要職にある人だったんです。

石巻市役所に設置された災害対策本部の指示を受けて被災現場に入った荒井隊長以下4名の隊員はすぐさま発電機を始動。電源をオンにして炊飯器に接続。やがて炊きたてのふっくらあつあつのご飯を提供。

一方、電気工事の資格を持つ隊員は、明かりもなく、暗くて不安な夜を余儀なくされている避難所に照明を設営し、電灯のある生活の回復にあたるんです。

満足な食料もなく、空腹とのどの乾きにくるしむ被災者の、そんな極限状態のなかにいちはやく駆けつけ、米飯と飲料水、そしてこうこうと輝く照明まで設営する守谷レスキュー隊員の見事なチームプレー。被災者にとって、まさに地獄に仏を見る思いにちがいありません。

「隊員になりたい、参加したいって人も増えてます。けど、なんらかの資格なり技術も持ってることが参加の条件なんですよ」(伯耆田副隊長)
だからスタッフを増やし、組織の拡大化、あるいは公的援助を受け、スタッフの金銭的負担の軽減を、といった声もなくはない。けれど、守谷レスキューはあえて拒否し、自主的主体的自由を貫いてるっていうんです。
「スタッフが多くなれば迅速な行動がとりにくくなる。公的援助を受ければ行政の縛りや規則に合わせなければならず、自主的な行動がとれなくなる」(伯耆田副隊長)
そのため資材や機材の調達、被災現場に届ける救援物資、もちろん車両の経費など、基本的には隊員たちの持ち出しでまかなってるっていうんです。
「ボランティアというのは、それぞれ個人の意志でやるものだし、他人に指図されてやるものじゃないと思うんですよ。だからカネもモノもカラダもみんな無償で投げ出す。これがボランティアであり、守谷レスキューなんです」

どうです、荒井隊長のこの志。じつに崇高な……といっていいでしょう。だからかも知れません、いまや各地に市民ボランティアはたくさんあるが、守谷レスキューはこれらと一線も二線も画しているのは。

じつは守谷レスキュー、自衛隊や警察と同様の待遇を受けてるんです。

「3・11の大震災でも私らは高速道路を利用して被災地に向かったが、一般車両ではできないことができるのは、守谷市役所の公認のもとで警察署から緊急車両の証明書を発行してもらってるからなんです。証明書の裏側には茨城県知事や公安委員会の印鑑まで押してあるんですよ」（荒井隊長）

つまりこういうことなんです。守谷レスキューは民間人が中心の市民ボランティア団体ではあるが、果たしている役割や機能は公益性が高く、しかもそのうえ自己犠牲的精神の高さがあるということ。

このあたりが数あるボランティアとは違うんですね。

「私らがやるべきことは、災害発生と同時に現場に駆けつけ、ただちに必要とされる食料、水、照明、この3つを救援することなんですよ。だから滞在期間も数日なんです。そのうち救援物資が各地から届くのでそのころには私らの役割も終わり、帰路につきます」

さっと駆けつけてさっと引き揚げる。ますますカッコいいじゃありませんか。

守谷レスキューは代償を求めず、もちろん名利も求めません。ただひとつ、被災者が元気と希望を取り戻す、それを見届ければ自分たちのやるべきことは終わったとしてただちに引き揚げる。これが守谷レスキューなんです。

その守谷レスキュー、ひとつだけお願いしたいことがある、と荒井隊長は言います。

「災害国ニッポンといわれるように、地震、台風、津波に火山……、いろんな災害がつぎつぎと起こってるでしょ。だから、私たちのような民間主体のレスキューが各自治体にひとつでもあれば、って思うんですよ。そうすればいくぶんか、被害の度合いも少なくてすむんじゃないでしょうか」

守谷レスキュー設立から10年。この間中越沖地震、東日本大震災、2つの大きな被災現場の救援活動に従事したなかで得た荒井好雄隊長の、この問題提起にはきわめて重いものがあり、まったくおっしゃる通りだと思うんです。

全国にさきがけ、12名の隊員によって結成された民間主体の守谷レスキュー。まさしくマンパワーここにあり、です。

つくば市にこの人あり　だからつくば市はますますパワフル

いや、なにからご紹介申し上げればよろしいのやら……。

ほんと、困っちゃってるんです。なにしろパンのお店「ピーターパン」のオーナーであり、「パンの街つくば」の設立者兼事務局長であり、かと思えば「チョウザメ産業創設プロジェクト」の代表であり、そのうえさらに茨城県剣道連盟杖道《じょうどう》部部長であり、道場「自在庵」の道場主であり――。

このように、いくつもの顔をもち、実に多彩だからなんですよ、酒井幸宏さんっていう人は。だから当方は決めたんです。酒井さんに優先順位なんてない、どれに対しても全力投球、直球勝負で取り組んでる、だからみな同じってね。

文武両道っていうたとえがありますけど、酒井さんの場合、さしずめ〝商武両道〟といったとこ

さまざまなプロジェクトに取り組み、
八面六臂で活躍の酒井幸宏さん

ろでしょうか。酒井さん、ビジネスもお手のものだが、全日本剣道連盟杖道部錬士七段という武術家でもあるんですよ。

杖道っていうのは、天正年間（1573―1592）に真壁で生まれた武芸者の夢想権之助が創始者です。

権之助さん、宮本武蔵に試合を挑んだがあえなく惨敗。そこで修行をかさねて再度チャレンジ。ついに武蔵を打ち負かしたというエピソードをもつ人。それほどの人物でありながらなぜか、生没も系図も経歴もほとんど不明。

杖道というのは長さ128センチ、太さ2・4センチの白樫の棒を用い、突き、打つ、払う――この3つを基本ワザにして防御と攻撃をこなす。

杖道の普及と茨城県が生んだ流祖の顕彰をはかる意味から酒井さん、つくば市内に「自在庵」という名の道場を2004年11月に設立し、無料で開放。研究学園都市という土地柄、青い目の門人もおり、約50人の門弟たちが稽古に汗を流しています。

武道の心は商道にも通じます。「自分よし」「相手よし」「世間よし」――。

売る人、買う人、両方が利益を得れば、めぐりめぐって社会もゆたかになる――。

まぁ、こういうことなんでしょうが、酒井さん、目下取り組んでいる「チョウザメ産業創設プロジェクト」はまさしくそういうものなんです。それというのも、米作りをやめた生産農家の休耕田を利用し、チョウザメの養殖をすすめてるからなんです。

チョウザメは世界的にも稀少魚種といわれ、キノコのトリュフ、ガチョウの肝であるフォアグラなどとならぶ世界三大珍味っていわれています。

そのような超高級魚。実はつくば市内の水道管メーカーがチョウザメの稚魚養殖を手掛けてるんです。稚魚は平均17度の水温で飼育した場合1年でおよそ1キログラム、2年で3キログラムに成長し、3年ないし4年で市場に出荷できるそうです。

そこで酒井さん、休耕田を利用したチョウザメ養殖のプロジェクトを設立。チョウザメ養殖で休耕田の再利用、生産者の再雇用、そのうえ消費者は手頃な価格で高級珍味が購入できる――、まさに三方よし、なんです。

酒井さんは、つくば市のブランド力アップにひと役もふた役も買っています。酒井さんは旧新治村に生まれ、都内の大学を卒業後、大手映画会社系列のホテルに勤務。ドイツ・ハンブルグ市でもホテルマン修業。ところが帰国後に退職。ホテルマンから居酒屋さん、あるいはベーカリーを経営。最盛期には都内に18店をもつパン屋さんを展開。けれどこれまた筑波研究学園都市構想の本格化にともなってあっさり閉鎖。生まれ故郷に近いつくば市に移転。これが現在つくば市にある、ドイツパンを中心にしてる、個性的なパン屋さんの「ピーターパン」なんです。ピーターパンとは、童話作家のジェームス・マシュー・バリーさんが創作された、少年のピーターと少女のウェンディが海賊やら妖精たちに出会いながら冒険を続けるというストーリーの童話なんですけど、永遠に大人にならない、夢見る少年ピーターをお店の名前にした酒井さんも、とても夢多い人なんです。

だからまたひとつ、つくば市に元気をつける仕掛けをこさえちゃいました。それは「パンの街つくば」。

研究学園都市つくばといわれるだけに、つくば市には筑波大学をはじめ政府系、民間企業系の研究機関が集中。だから各国の留学生や研究者約5千人が定住してるんですよね。限られたエリアに外国人が集中してる。そのせいかパン屋さんも多く、パンの激戦区なんです。なのに、困ったもので、肝心の外人さん、自分が食べなれたパンがない。どのお店にいってもやわらかく、ソフトなパンばっかり。これは日本人向けのパンであり、外人の口にはてんで合わない。外人さんは固めの、甘さをおさえたパンがお望みなんです。

外人さんのこうした要望におこたえしたのがピーターパン。酒井さんはドイツのホテルに勤務した経験から、固めのドイツパンをピーターパンで販売。これがたちまち好評。口から口へと伝わり、外人に人気のお店に成長。

そこで酒井さん、この成功を契機に、パンでつくば市のまちおこしを思い立ったんですね。「パンの街つくば」――。現在12店舗が加わり、それぞれのパン屋さんがオリジナリティのあるパンを焼き上げ、お客さんにご賞味いただいてますけど、とくに規格品ってものはなさそうなんです。「ただしこれだけはあるんですよ。パンの原料には地元産の夢紫峰という品種の小麦を使うこと。これは地産地消という観点から、そうしてるんです」(酒井事務局長)

国内産のパン用小麦といえば北海道産ぐらいのもの。そのため茨城産小麦はほとんどがめん類に加工。そこで酒井さんはJAや農業関連の研究機関などと協力してパンの原料用小麦の開発に取り組んでいます。

夢紫峰は酒井さんの努力の結晶ともいえるものですが、単に製品のパンを販売するだけでなく、原料となるパン用の小麦まで生産してしまうところに酒井さんのパンに対する熱い思いが伝わってきますよね。

つぎつぎとプロジェクトを立ち上げては結果を残していく酒井さん。さて次なる仕掛けは、ならばなに？

そのような期待感と希望をいだかせてくれる酒井さん。

だから酒井さんがいるかぎり、つくばの街はますますパワフル、エキサイティングな街に染めあがってくこと、まちがいありません。

歌うぞマンパワー──演歌はこころだ情けだ人生だ

いいですなぁ、歌謡曲。好きですよ、当方も。

実はこの原稿も、カラオケテープを聞きながら、鼻歌まじりで書いてるんですよ。曲は、沼川淳作詞、千寿二郎作曲による「望郷波止場」──。

歌っているのは、「夢追い酒」で空前の大ヒットを飛ばした渥美二郎さんです。

歌詞をご紹介しましょう。

「飛んで行けたらよかったものを／カモメみたいにこの海を／釜山出船の切ないドラを／きけば祖国があぁ恋しくて／霧に浮かべる望郷波止場」

テープに合わせてノリノリの当方。原稿を書く手も快調そのもの。ほんと、歌謡曲って、いいですよねー。

なんてったって歌謡曲は歌ってる本人を主人公にさせてしまう魔力がある。カラオケスナックに行ってごらんなさい、そういう人ばっかりでしょ。これが何よりの証拠です。

当方もときたまカラオケスナックに行ったりしますけど、皆さんうまいことうまいこと。まるでプロはだし。シロウトのど自慢にしておくのはもったいないと思わせる人ばっかり。マイクをにぎってうっとり陶然……、歌詞の世界にモロひたりきったりして——。

それにつけても歌謡曲、これほど罪つくりなものも、ほかにないんじゃないかって思うんですよ、当方などは。

とくに、こころにジーンとくる歌。これなどはもう、最たるもんですよねー。胸のあたりがキューンとしめつけられ、目頭はうるうる……、ひとりさめざめと泣きそぼり、人生の無常、はかなさを思わずにおれなくさせてしまう……。

でも、音楽を手掛ける人って素敵です。音符ひとつ、フレーズひとつ、これだけで人のこころをたちまちとらえてしまい、笑わせたり泣かせたり、うれしがらせたり情熱をふるい立たせたり——、まるでマジシャンのようじゃありませんか。

クリエイティブな世界はほかにも多くありますが、このようなことができるのはおそらく歌謡曲ぐらいでは、って思うんです。

沼川淳さんは、そんな人なんですよね。作詞家として日本の歌謡曲界で活躍し、さまざまな歌い手にさまざまな歌を提供し、世に送り出して40数年。まさに歌謡界の全盛時代も荒波の時代も、ともに体験してきた作家なんです。

その沼川さん、歌謡曲の〝神髄〟は、と問うたところ、ずばりひとこと。

「情念、これですよ。人のこころに触れてこそ歌、こう思うんですよ、私はね」

事実、沼川さんは情念の作詞家です。冒頭で紹介した「望郷波止場」などはその代表曲。

実は、この作品を手掛けた背景を打ち明けちゃいますと、戦前、朝鮮半島出身の男性と恋に落ち、結婚した日本人女性たちが戦後、夫とともに朝鮮半島に渡ったもののなんらかの事情で離縁、あるいは死別し、日本に帰らずにそのまま朝鮮半島に踏みとどまり、ある施設で共同生活を続ける日本人女性たちの、望郷の念を切々と歌いあげた、そのような歌だったんです。

どうにもたよりなく、うつろいやすいのが人のこころであり、世の中。けれど、それでもなお優しい眼差しで見つめ、寄り添いながら言葉をつむいで歌い上げる、これが沼川ワールドであり、沼川演歌なんですねぇ。

2007年10月、大衆芸能脚本賞受賞記念、そして創作活動35年を記念して、東京千代田区の国立演芸場でワンマンショーを公演。

これを契機に沼川さんの活躍にいっそう拍車がかかり、2008年8月に「望郷波止場」を発表し、2009年5月、今度は金田たつえさんのために「愛の絆」を世に送り出すんです。

しかも「愛の絆」の新曲発表をかねて沼川さんは金田たつえさんとともにチャリティコンサートを開催。地元牛久市の文化ホールは沼川ファン、金田たつえファンで埋めつくされ、エンターティナー沼川淳の魅力にたっぷりとひたるんでした。

このチャリティコンサートで沼川さんは車椅子を5台、牛久市に寄贈なさってますが、金田たつえさんが歌い上げる「愛の絆」も、ひとびとの関心が高まっている高齢者の介護問題が背景にあるんです。

介護を受ける、ガンコでわがままな父親。それでもなだめたりすかしたりしながら献身的に介護を続ける娘の、ほのぼのとした父娘の情愛がにじみでてるんですね、「愛の絆」には。

渥美二郎さんといい、金田たつえさんといい、歌謡界のビッグスター。そのような歌い手さんにつぎつぎと話題曲を書き上げては世に送り出している作詞家沼川淳さん。

ところが歌の着想、源泉はというと、これが意外なほど、実にシンプルなので思わず、えっ？と驚いちゃうんですよねぇ。

なんでかっていうと、自宅にほど近い牛久沼のほとりを散策しながら、ふと言葉が浮かぶというんですよ。

牛久沼っていったって、大きな沼じゃないし、なんの変哲もありません。けどサウンドクリエイターにしてみれば、さすがそこがちがうんですねぇ、当方なんかとは。何もなさそうでありながら、しかし何かを発見する。そのような感性を持ってるんですよね。

歌謡曲だけではありません。歌謡浪曲に大衆演劇、あるいは市や町のための音頭や応援歌……。沼川さんの創作テリトリーはじつに広く、豊か。そのため今は亡き三橋美智也さん、春日八郎さんといった、我が国歌謡史に残る大御所の歌も書き上げ、レコーディングにも立ち会ってるんです。

歌は時代を映す鏡ともいわれます。そのときどきの世相を歌詞に織り込み、歌われるからなんですね。その点で、時代を反映してこそ歌謡曲といえます。

でも、変わらないものもあるんです。人のなさけや人の恩――。

これらをテーマにこれからも、人のこころに響くもの、世代を超えて口ずさめるもの、そんな歌を歌いあげ、牛久沼のほとりから、歌謡界の地平を耕しつづけてほしいものです、我らが作詞家沼川淳さんには――。

あとがき

しあわせ……って、いったいなんだろう。
なんのために人は生き、生きようとするんだろう。

生きることや、考えることを懐疑的にさせる大きな衝撃に遭遇しました。２０１１年3月11日、宮城県沖を震源地とするマグニチュード9・0という巨大地震です。

地震発生直後の3月15日、某雑誌の依頼を受けた当方は福島県沿岸地域を車で急行。津波に襲われ、一瞬にして壊滅状態に陥った惨状をつぶさに見ました。夜は避難所に宿泊し、避難したひとびとの恐怖の体験をつぶさに聞きました。

このような体験から、当方は無力感にうちひしがれ、それまであった価値観、プライド、地位、名誉……、そんなもんナンボのものか。しみじみとそう思い、さきのつぶやきをつぶやくのでした。

しあわせ――。慈愛に満ちた、実にうるわしい言葉です。

ひとびとは、そしてこのしあわせを手に入れるために働き、貯蓄をし、健康に気をくばり、家族や近隣住民とのコミュニケーションを大切にし、社会や公共のルールを守り、あたえられた義務と責任をきっちりと果たしてきました。だからどこにも落ち度はないはずなんです。

なのに巨大地震は無慈悲にもこれらのすべてを奪い、無にしてしまいました。

あとかたもなく、ガレキの山だけを残してふたたび青黒い海面に戻った海を呆然と見つめながら当方が思ったのは、わたしたちが求めていたしあわせって、結局幻想だったのでは――という、これでした。


ブランド力最下位の茨城県もそのとおり。なければないでいいじゃありませんか。むしろ当方などは、ブランド力最下位はわれら茨城県民にあたえられた名誉の勲章とさえ思ってるぐらいなんです。

だってそうでしょ。最下位はいやだから、ひとつでも上を目指したいから、官民一体となって努力する。現に茨城県の行政サイドは2011年4月に『いきいき　いばらき生活大県プラン』を策定し、2035年までに実現をめざすとして「住みよいいばらきづくり」「人が輝くいばらきづくり」「活力あるいばらきづくり」――、この3つの大きな目標をかかげて遠大な、総合計画を公表しました。

このように倦まずたゆまず、県民のしあわせとブランド力アップに懸命に努力してるんです。それなのに最下位。しかも2年連続ときています。

いいじゃありませんか、と当方が言ったのは、実はここなんです。

みんなが努力してるなかでなおも2年つづけて最下位だなんて、なりたくたってそうざらになれるもんじゃない。それを茨城県はやってのけました。こりゃもう快挙、あっぱれなことなんです。

短所と思われるものが実は長所。それが茨城県。

農業がさかんなのは、それだけ自然が豊かってことでしょ。方言が失われずに使われてるっていうのは、祖先が暮らしと労働のなかではぐくんできた民衆の歴史を大切に守っていればこそでしょ。わずかながらも人口が増えてるのは、住みよいところだからこそでしょ。

この本に挙げた茨城の魅力はほんの一部です。当方流の〝魅力発見法〟を示したにすぎません。本書をきっかけにして、読者のみなさんがご自分で、何もなさそうでありながら、実は「しあわせ」いっぱいの茨城をみつけていただけたらと思います。


とまぁ、茨城県にまつわるあれこれを勝手放題好き放題にくっちゃべってきたけんとが、つづめてりーば、愛するがゆえの茨城擁護論、こりにつきんだっちゃ、この本は——。

岡村　青

２０１１年9月13日

[著者紹介]

岡村青（おかむら・あお）

1949年茨城県生まれ。ノンフィクション・ライター。著書『血盟団事件』(三一書房)『森田必勝・楯の会事件への軌跡』『毒殺で読む日本史』(以上現代書館)『地域の活性化は矢祭町に学べ』（彩流社）など多数。

装丁………山田英春
DTP制作………勝澤節子

茨城の逆襲
ブランド力など気にせず「しあわせ」を追究する本

発行日❖2011年9月30日　初版第1刷

著者
岡村青

発行者
杉山尚次

発行所
株式会社言視舎
東京都千代田区富士見2-2-2 〒102-0071
電話03-3234-5997　FAX 03-3234-5957
http://www.s-pn.jp/

印刷・製本
㈱厚徳社

ISBN978-4-905369-12-7 C0336
JASRAC出1111387-101

言視舎刊行の関連書

978-4-905369-06-6

青森の逆襲

"地の果て"を楽しむ逆転の発想

笑う地域活性化本！　新幹線が開通しても、やっぱり青森は地の果て？　しかし青森には都市がなくしてしまった自然・歴史・文化があります。逆境を笑い・楽しんでしまう発想は必ず東北の復興につながります。

福井次郎著

四六判並製　定価1400円十税

言視舎が編集・制作した彩流社刊行の関連書

978-4-7791-1071-9

群馬の逆襲

日本一"無名"な群馬県の「幸せ力」

笑う地域活性化本シリーズ1　最近なにかと耳にする「栃木」より、ちょっと前の「佐賀」より、やっぱり「群馬」は印象が薄く、地味？　もちろんそんなことはありません。たしかに群馬には無名であるがゆえの「幸せ」が、山ほどあるのです。

木部克彦著

四六判並製　定価1400円十税

978-4-7791-1082-5

高知の逆襲

混迷日本を救う「なんちゃじゃないきに」！

反骨、頑固、楽天気質！　龍馬をはじめとして土佐・高知はいつも「逆襲」モード。高知に学べば日本全体の「逆襲」が始まるかも。地元を元気にする情報を満載、他地域に応用でき、ひいては日本を活気づける智恵がここに。

木部克彦著

四六判並製　定価1400円十税

978-4-7791-1092-4

北海道の逆襲

眠れる"未来のお宝"を発掘する方法

北海道は住んでみたい土地ナンバーワンでも、本当は？　イメージはよくても、過疎、財政、補助金依存体質など、悩める問題、逆襲すべき課題は多々あります。ではどうすれば？　具体的に提案します。

井上美香著

四六判並製　定価1400円十税